Reinhold Pachowsky

PROFI-HANDBUCH

WOHNUNGS- UND

HAUSVERWALTUNG

Vermieten · Verwalten · Kündigen
Mit Checklisten

WALHALLA

BERLIN·BONN·REGENSBURG

Die Deutsche Bibliothek – CIP-Einheitsaufnahme

Pachowsky, Reinhold:
Profi-Handbuch Wohnungs- und Hausverwaltung ;
vermieten, verwalten, kündigen ; mit Checklisten / Reinhold Pachowsky. –
Berlin ; Bonn ; Regensburg : Walhalla, 1994
   ISBN 3-8029-3340-0

Zitiervorschlag:
Pachowsky, R., Profi-Handbuch Wohnungs- und Hausverwaltung,
Berlin, Bonn, Regensburg 1994

Produktion: Walhalla Fachverlag, 93042 Regensburg
Druck und Bindung: PVA - Pfälzische Verlagsanstalt GmbH, Landau
Printed in Germany
ISBN 3-8029-3340-0

Inhalt

II. Verwaltung

III. Beendigung eines Mietverhältnisses

Vorwort

„Profi-Handbuch Wohnungs- und Hausverwaltung" ist für jede(n) geeignet, der/die sich entweder berufsmäßig, zum Beispiel als Verwalter, Makler, Sachbearbeiter(in) in einem Wohnungsunternehmen, oder privat aufgrund eigenen Besitzes mit der Vermietung und Verwaltung von Wohnungen befaßt.

Seit mehr als 25 Jahren befasse ich mich berufsmäßig mit der Verwaltung von Wohnungen und Gewerbeobjekten. In dieser Zeit habe ich unzählige Wohnungen vermietet, Mieterhöhungen durchgeführt, Mietverhältnisse gekündigt und notfalls zwangsgeräumt, aber auch nicht wenigen Mietern aus einer unglücklichen Situation geholfen, so daß sie ihre Wohnung behalten und wieder „auf die Beine" kommen konnten.

Dieses Handbuch beschäftigt sich mit dem Mietrecht, weniger jedoch mit dem Recht als solchem (darüber gibt es einschlägige Literatur von Juristen), sondern mit der *kaufmännischen Anwendung des Mietrechts*. Ich habe mich deshalb in bezug auf das Mietrecht hauptsächlich an dauerhaften rechtlichen Vorschriften und entsprechender mehrheitlicher Rechsprechung orientiert. Dieses Handbuch versteht sich als Anleitung im wirtschaftlichen Sinne.

Vor dem Hintergrund des Mietrechts werden die verschiedenen Möglichkeiten, trotz aller Widrigkeiten zu einem „Bißchen Rendite" zu kommen, dargestellt. Dazu muß der Vermieter das „Handling" beherrschen. Dieses Handbuch ist, soweit dem Verfasser bekannt, das erste wohnungswirtschaftliche Handbuch, das in pragmatischer Art und Weise aufzeigt, was in welcher Situation zu tun ist. Dabei steht das vorbeugende Verhalten, es möglichst nicht zum „break-point" mit dem Mieter kommen zu lassen, im Vordergrund. Außerdem habe ich mich bemüht, die schwierige Materie des Mietrechts verständlich darzustellen.

Das „Profi-Handbuch Wohnungs- und Hausverwaltung" beginnt mit dem Grundverständnis für Wohnungen und behandelt die Vermietung und Verwaltung sowie die Beendigung eines Mietverhältnisses aus der Sicht des Praktikers anhand von zahlreichen Beispielen, Checklisten, Formularen und Musterbriefen.

Ich hoffe, daß ich Ihnen mit diesem Handbuch Anregungen und Tips für die tägliche Praxis geben kann.

Nürnberg   *Reinhold Pachowsky*

Hinweis

Die im „Profi-Handbuch Wohnungs- und Hausverwaltung" genannten Gesetze wie Miethöhegesetz, Haustürwiderrufsgesetz oder Bürgerliches Gesetzbuch können Sie in folgenden Textausgaben nachschlagen:

Bürgerliches Recht .... ISBN 3-8029-3532-2

Bürgerliches Recht:
Nebengesetze .... ISBN 3-8029-3533-0

I.

Vermietung

1. Einleitung: Grundsätzliche Überlegungen

Ausgangssituation für dieses Handbuch ist die Position eines Vermieters. Diese Vermieterstellung kann sich aus verschiedenen Möglichkeiten ergeben, zum Beispiel als

- privater Eigentümer eines Mietshauses,
- privater Eigentümer einer Eigentumswohnung (zur Vermietung),
- Wohnungsunternehmen, das eine größere Anzahl von Wohnungen besitzt und diese vermietet und verwaltet,
- Verwalter, der in Dienstleistung für den Eigentümer Wohnungen betreut,
- Makler, der im Auftrag Wohnungen vermietet,
- Mieter, der (gewerblicher) Hauptmieter ist und untervermietet.

Vermieter ist im Normalfall der im Grundbuch eingetragene Eigentümer eines Grundstücks oder einer Eigentumswohnung.

Diese Eigentümerfunktion bedeutet, über etwas selbst und ausschließlich bestimmen zu können, selbst die Verfügungsgewalt zu haben; sie ist das Herz der Marktwirtschaft. Diese Eigentümerfunktion hat jedoch in bezug auf Wohnungen einen anderen Stellenwert.

2. Grundverständnis für Wohnungen: Sicherheit für Mieter und Vermieter

Wer sich mit Wohnungen befaßt, braucht ein bestimmtes Grundverständnis für die besondere Situation von Immobilien. Das Wohnen gehört unbestritten zu den wichtigsten materiellen Lebensbedingungen der Menschen und wirkt sich direkt und indirekt auf die verschiedenen Lebensbereiche wie Arbeit, Ernährung, Erholung, Freizeit, Ehe und Familie sowie Kultur aus.

Wohnen bedeutet psychologisch, an einem bestimmten Ort zu Hause, verbunden, verwurzelt zu sein. Die Wohnung ist für den Menschen der denkbar privateste Bereich. Dort spielt sich der Großteil des Lebens ab. In der Wohnung ist der Mensch ,,daheim'', dort befindet sich die Familie. Die Wohnung berührt fast alle wesentlichen Bedürfnisse des Menschen.

Um zu verstehen, was gemeint ist, braucht man sich nur zu fragen: Was würde ich denn ,,ohne Wohnung'' machen? Vermutlich als Obdachloser oder Nomade durch die Welt ziehen. Ist dies auf Dauer wünschenswert?

In der Wohnung ist man daheim. Dieses daheim bedeutet: Sicherheit. Deshalb ist der Grundgedanke des Mieters ,,Sicherheit''.

Als Eigentümer und Vermieter muß man sich darüber im klaren sein, daß man mit der Vermietung einem oder mehreren Menschen einen (neuen) Lebensmittelpunkt zuordnet und daß alle Maßnahmen eines Vermieters in den Lebensmittelpunkt eines Mieters mehr oder minder stark eingreifen.

Welcher Grundgedanke leitet nun den Vermieter? Warum sind sie Eigentümer eines oder mehrerer Häuser oder Eigentumswohnungen und warum mühen sie sich mit der Vermietung und Verwaltung ab, wenn sie doch ihr Geld auch bei einer Bank anlegen und eine Rendite (Verzinsung) mühelos erzielen könnten? Die Motive sind sicherlich unterschiedlich:

- Ein Wohnungsunternehmen oder eine Wohnungsgenossenschaft wird die soziale Aufgabenstellung des Unternehmens hervorheben, nämlich die ,,Versorgung der Bevölkerung mit Wohnraum''.
- Dem privaten Vermieter haftet das Klischee an, das ,,große Geld'' verdienen zu wollen. Sicher wird es auch solche Vermieter geben. Es ist simpel, aber: Ohne Geld funktioniert nichts.
- Man muß als Vermieter einen Überschuß erzielen, und dies gilt auch für die obigen Gesellschaften und Genossenschaften, um die vielfältigen und schwierigen Aufgaben eines Vermieters bestreiten zu können.

Die Erfahrung des Autors besagt jedoch, daß die überwiegende Anzahl der soliden Investoren folgende Motive bewegt:

- An erster Stelle steht die Sicherheit einer Investition, die vor Markteinflüssen wie Konjunktur, Inflation und Geldentwertung weitgehend geschützt ist. Diese Sicherheit bieten ,,Grund und Boden'' und die Wohnung.
- An zweiter Stelle stehen vielfach steuerliche Aspekte, zum Beispiel durch Abschreibungen eine Senkung der steuerlichen Belastung herbeizuführen.
- An dritter Stelle steht die Absicht, durch Mieteinnahmen Gewinne zu erzielen.

Selbstverständlich können diese Prioritäten von Vermieter zu Vermieter in der Reihenfolge unterschiedlich sein. Gemeinsam ist die Achse: Sicherheit und Rendite

Beide, Mieter und Vermieter, haben also einen gemeinsamen Nenner, nämlich Sicherheit, wenngleich aus unterschiedlichen Motiven.

Der der Marktwirtschaft zugrundeliegende Eigentumsgedanke beruht volkswirtschaftlich auf Waren oder Güter, die durch den Kauf Eigentum werden und mit denen der Eigentümer in der Regel beliebig verfahren kann, zum Beispiel Konsumartikel aller Art.

Bei Wohnungen gelten andere Regeln. Der grundsätzliche, marktwirtschaftliche Unterschied zwischen Waren und Wohnungen liegt darin, daß

- Immobilien grundsätzlich langfristiger Art sind und
- die Verfügungsgewalt aufgrund der eingangs genannten psychologischen Besonderheit soziale und ethische Schranken hat.

Langfristigkeit

Gebäude haben, im Gegensatz zu den meisten (Handels-)Waren eine Lebensdauer von etwa 100 Jahren und mehr und sind deshalb ein sehr langfristiges Gut. Der genannte Sicherheitsgedanke bedeutet deshalb für die Vermietung und Verwaltung stets die Antwort auf die Frage, ob diese Wohnung(en) *langfristig* vermietbar ist (sind). Auf die Bedeutung dieses Begriffes ,,langfristige Vermietbarkeit'' kommen wir noch. Während dieser langen Zeit von 100 Jahren durchläuft ein Gebäude verschiedene Stufen der Entwicklung, insbesondere der Instandhaltung und Modernisierung.

Beispiel: Denken sie einmal an die Altbauten aus der Zeit des Jugendstils. Sie nähern sich der 100-Jahres-Grenze, und welcher Reparatur- und Modernisierungsaufwand war bereits oder ist notwendig, um sie vermietbar zu halten? Wie hat sich in dieser Zeit die Qualität des Wohnens verändert? Man denke nur an Küche, Bad, Heizung, WC. Vermieter liegen richtig, wenn sie sich in ihrem Denken und Handeln auf Langfristigkeit einstellen.

Nun können Sie sagen: ,,Was interessieren mich 100 Jahre? Ich kann meine Immobilie doch jederzeit nach ein paar Jahren wieder verkaufen!'' – Das ist im Prinzip möglich, aber der Handel mit Immobilien ist nicht Inhalt diese Handbuchs. Hier gilt es, andere Grundsätze zu beachten. In diesem Handbuch wollen wir von der Zielvorstellung ausgehen, Wohnungen und Häuser zu besitzen, zu behalten und ordnungsgemäß zu vermieten und zu verwalten. In diesem Fall gilt obige Langfristigkeit.

Soziale und ethische Schranken

Die sozialen und ethischen Schranken ergeben sich aus der schon genannten Sozialfunktion einer Wohnung als Mittelpunkt des Lebens. Aus diesem Grund kann und darf man mit einer Wohnung nicht umgehen wie mit einer Ware. Makler vergessen diese Bedeutung oft. Entsprechend ist ihre Ausdrucksweise, die in der Regel auch auf Unkenntnis der tatsächlichen und rechtlichen Möglichkeiten beruht.

Die sozialen Schranken sind im Mietrecht verankert, insbesondere sind sie verankert im Kündigungsschutz und in der Begrenzung der Miethöhe,

Eine dritte Besonderheit, die besonders für die Verwaltung von Mietwohnungen wichtig ist, ist das ,,Netz zwischenmenschlicher Beziehungen''.

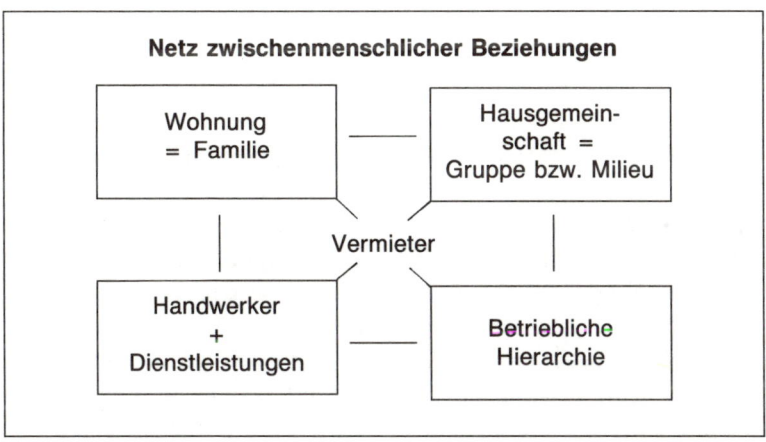

Dieses ,,Netz zwischenmenschlicher Beziehungen'' bedeutet, daß es zwischen den Beteiligten vielfache Verflechtungen gibt, die oftmals Anlaß für Ärger und Streß sind.

Beispiel:
- Der Mieter meldet eine Reparatur an den Vermieter/Verwalter,
- die Hausverwaltung beauftragt einen Handwerker,
- der Handwerker vereinbart mit dem Mieter einen Termin,
- der Mieter bleibt zu Hause,
- der Handwerker kommt nicht (oder umgekehrt),
- Beschwerde an den Vermieter/Verwalter,
- der Vermieter gibt die Beschwerde weiter an einen Mitarbeiter,
- der Mitarbeiter reklamiert beim Handwerker . . . und das Ganze beginnt von vorne.

Weitere Beispiele: Ein Mieter beschwert sich beim Vermieter über einen anderen Mieter innerhalb der Hausgemeinschaft.

Oder: Der Handwerker beschwert sich beim Vermieter, weil der bei einem Mieter in der Ausführung seiner Tätigkeit behindert wird.

Ein Vermieter muß sich bewußt sein, daß jede Maßnahme in den Lebensbereich des Mieters eingreift und im Grunde eine unliebsame Störung darstellt.

Um diesen inneren Bereich besteht noch der äußere Bereich, die Hausgemeinschaft, denn in der Regel werden Miet- und Eigentumswohnungen in Häusern mit mehreren Wohnungen gebaut, und damit besteht eine Hausgemeinschaft mit anderen Familien/Haushalten. Wohnen mehrere Familien zusammen, entstehen vielfach Spannungen, die sich bis zu ,,terroristischen Methoden'' steigern können (*Beispiel:* Senf im Briefkasten) und sich über dem Vermieter entladen. Freundschaften, Feindschaften, Neugier, Treppenhausklatsch und ,,Prestigekämpfe'' (*Beispiel:* das neue, größere Auto des Nachbarn) gehören zu diesem ,,Netz zwischenmenschlicher Beziehungen'', dem jeder Vermieter, zumindest jede Verwaltung, in mehr oder weniger großem Umfang ausgesetzt ist und die sich in der Regel nicht vermeiden lassen, vor allem dann nicht, wenn der Mieter rechtliche Schritte wie Mietminderung geltend macht.

3. Grundzüge des Mietrechts

Das Mietrecht ist wie folgt gegliedert:

Das Allgemeine Mietrecht (Bürgerliches Gesetzbuch – BGB –)		
Mietrecht für öffentlich geförderte Wohnungen (Sozialwohnungen)	Mietrecht für freifinanzierten Wohnraum	Gewerbliches Mietrecht

Der freifinanzierte Wohnungsbau

Wohnungen, die nicht unter Einsatz öffentlicher Mittel, sondern vom Bauherr unter Einsatz seines Eigenkapitals und/oder in Verbindung mit einer Hypothek erstellt wurden, zählen als freifinanzierte Wohnungen. Als „Gegenleistung" für dieses Engagement kann der Vermieter

- seinen Mieter frei bestimmen/auswählen,
- im Rahmen gewisser Grenzen (auf die wir ab Seite 31 zurückkommen) bei Neuvermietung die Miete festlegen,
- Mieterhöhungen bei bestehenden Mietverhältnissen im Rahmen des Miethöhegesetzes (Gesetz zur Regelung der Miethöhe) durchführen.

Dieses Miethöhegesetz, mit dem wir uns noch sehr genau befassen werden, führte den Begriff „ortsübliche Miete" ein. Der Vermieter kann in diesen Fällen eine Miete verlangen, wie sie in der jeweiligen Stadt üblich ist.

Bei Mieterhöhungen von bestehenden Mietverhältnissen kann diese ortsübliche Miete nachgewiesen werden durch

- einen Mietspiegel (sofern ein solcher besteht),
- Vergleichswohnungen (Benennung neuvermieteter oder vergleichbarer Wohnungen),

– ein Sachverständigengutachten (Gutachten eines Sachverständigen über einen seiner Meinung nach ortsüblichen Mietzins).

Bei der Mieterhöhung ist eine Kappungsgrenze zu beachten, das heißt die Miete darf generell, auch wenn sie innerhalb der ortsüblichen Miete liegt, dennoch nicht mehr als um einen bestimmten Prozentsatz (derzeit 20 bis 30 %) ansteigen.

Gestiegene Betriebs- und Kapitalkosten sind von der Kappungsgrenze ausgenommen, das heißt solche Erhöhungen können ungeachtet der Kappungsgrenze an den Mieter weitergegeben werden. Gleiches gilt auch für wertverbessernde Maßnahmen.

Der öffentlich geförderte Wohnungsbau

Wohnungen, die mit Einsatz öffentlicher Mittel errichtet wurden, sind Sozialwohnungen – befristet auf die Zeit, bis diese öffentlichen Mittel regulär zurückgezahlt sind, in der Regel 30 Jahre. Für diese Zeit besteht ein sogenanntes Bindungsrecht, das heißt diese Wohnungen sind mit folgenden Auflagen verbunden:

– Der Vermieter darf nur an einen Mieter vermieten, der eine Wohnberechtigung nachweisen kann. Diese Wohnberechtigung prüft und erteilt das Amt für Wohnungswesen der Stadtverwaltung bzw. das Landratsamt. Ein bestimmtes Einkommen darf nicht überschritten werden. Der Mieter muß dazu einen Antrag stellen und wird, neben anderen Interessenten, bei Freiwerden einer Wohnung dem Vermieter vorgeschlagen.

– Der Vermieter muß die zulässige Miete in einer durch Gesetz vorgegebenen Weise in Form einer sogenannten Kostenmiete berechnen und darf nur diese Miete verlangen.

– Mieterhöhungen treten nur ein, wenn der Gesetzgeber durch geänderte Sätze eine Neuberechnung der Miete zuläßt. Ausgenommen sind gestiegene Betriebs- und Kapitalkosten. Diese können unabhängig davon vom Mieter verlangt werden.

Gewerbeobjekte

In bezug auf Gewerbeobjekte herrscht Vertragsfreiheit. In der Praxis besteht das Verhältnis zwischen Mieter und Vermieter meist wie zwischen zwei Geschäftspartnern. Die Geschäftsraummiete hat schon aufgrund ihrer Höhe eine andere wirtschaftliche Dimension als die Wohnraummiete.

Mietrechtlich kann nahezu alles individuell vereinbart werden. Beispielsweise werden oft vertraglich Betriebs- und Instandhaltungskosten für bestimmte technische Anlagen (zum Beispiel Lastenaufzug, Heizungs- und Klimaanlage usw.) vereinbart.

In Gewerbeparks werden oft neben der Grundmiete noch die Kosten der Verwaltung, des Pförtner-, Schließ- und Bewachungsdienstes vertraglich als umlagefähig vereinbart.

Oberstes Kriterium für Unzulässigkeiten im gewerblichen Bereich ist die Sittenwidrigkeit oder ein Verstoß gegen Treu und Glauben, denn der Mieter ist in der Regel als ,,Kaufmann'' nach Handelsrecht anzusehen, und hier gelten nicht beziehungsweise nicht in dieser Form die schutzwürdigen Interessen einer Privatperson.

Das Allgemeine Mietrecht

Das Allgemeine Mietrecht ist im Bürgerlichen Gesetzbuch (BGB) geregelt. Es geht im Regelfall von folgender Konstellation aus: Grundstück und Gebäude sind eine Wirtschaftseinheit. Sie gehören einem oder mehreren in Abteilung I des Grundbuchs eingetragenen Eigentümer. Dieser Eigentümer kann natürlich auch eine Gesellschaft oder Genossenschaft sein.

Dieser Eigentümer stellt aus seinem Besitz Mieträume zur Verfügung. Als Gegenleistung für dieses Engagement hat der Mieter eine Miete zu bezahlen.

§ 535 Bürgerliches Gesetzbuch (Pflichten aus Mietvertrag)

Durch den Mietvertrag wird der Vermieter verpflichtet, dem Mieter den Gebrauch der vermieteten Sache während der Mietzeit zu gewähren. Der Mieter ist verpflichtet, dem Vermieter den vereinbarten Mietzins zu entrichten.

Das Mietverhältnis ist ein Dauerschuldverhältnis. Die Miete ist eine sogenannte Bringschuld, das heißt sie muß vom Mieter selbständig erbracht/gebracht werden, ohne daß es einer ,,Rechnung'', Mahnung oder Aufforderung bedarf.

Der Mietzins ist nach den Vorschriften des Bürgerlichen Gesetzbuchs (§ 551) am Ende eines Monats fällig. Dies ist jedoch keine zwingende Vorschrift, und deshalb hat sich von Anfang an durch mietvertragliche Vereinbarung die Zahlung am Monatsanfang eingebürgert. Nach den derzeitigen Mietverträgen ist deshalb die Miete in der Regel am dritten Werktag eines Monats fällig, das heißt vom Mieter unaufgefordert zu erbringen.

Das Verhältnis zwischen Vermieter und Mieter könnte wie eine Waage dargestellt werden. Verschiebt sich dieses Verhältnis in die eine oder andere Richtung, so hat dies Folgen für die andere Seite. Zahlt also der Mieter keine Miete oder wird das Wohnen des Mieters gestört, hat dies jeweils Auswirkungen für die andere Seite.

Die Miete gliedert sich für den Fachmann in:

− Netto-kalt-Miete (Grundmiete)
− Teil-inclusiv-Miete
− Brutto-Miete (Warmmiete)

Die *Netto-kalt-Miete* ist eine Miete zuzüglich Betriebs- und Heizkosten.

In der *Teil-inclusiv-Miete* sind bestimmte Betriebskosten enthalten, andere Betriebskosten (zum Beispiel Wassergeld, Heizung) werden zuzüglich erhoben.

Die *Brutto-Miete* enthält alle Betriebskosten.

3. Grundzüge des Mietrechts

Diese Unterscheidung ist wichtig im Zusammenhang mit Mieterhöhungen. Hier gilt dann die Frage: Welche Miete habe ich vor mir? Und entsprechend unterschiedlich ist zu verfahren.

Mietpreisgestaltung

Die Standard-Mietpreisgestaltung sieht wie folgt aus:

`Standard-Mietpreisgestaltung:`

```
Grundmiete                        DM  _____

+ Betriebskosten                  DM  _____

+ Heizkosten                      DM  _____
  (soweit Sammelheizung
  vorhanden)
                                     _____

Gesamtmiete                       DM
```

Betriebskosten – Nebenkosten

Zur Klarstellung: Betriebskosten sind für den Fachmann nicht das Gleiche wie Nebenkosten. Nebenkosten (der bessere Begriff lautet „Bewirtschaftungskosten") ist der Oberbegriff für sämtliche Aufwendungen, die dem Grundstückseigentümer entstehen. Dazu gehören:

- Kapitalkosten (Zins und Tilgung)   } Diese Kosten sind
- Verwaltungskosten   Bestandteil der
- Instandhaltungskosten   Grundmiete.

Umlagefähige Betriebskosten sind (nur) die Betriebskosten, die in § 27 Anlage 3 der II. Berechnungsverordnung aufgeführt sind und die – bei Wohnraum nur diese – vertraglich neben der Grundmiete verlangt werden dürfen sowie entsprechend mietvertraglich vereinbart sein müssen. Übersicht der umlagefähigen Betriebskosten siehe nächste Seite.

Übersicht: Umlagefähige Betriebskosten

1. Grundsteuer

2. Kosten der Wasserversorgung

3. Kosten der Entwässerung (Kanal- oder Sielgebühren)

4. Kosten der zentralen Heizungsanlage/Fernwärme

5. Kosten der zentralen Warmwasseranlage

6. Kosten verbundener Heizungs- und Warmwasseranlagen

7. Kosten des Betriebs eines Aufzuges

8. Kosten der Straßenreinigung und Müllabfuhr

9. Kosten der Hausreinigung und Ungezieferbekämpfung

10. Kosten der Gartenpflege

11. Kosten der Beleuchtung bzw. des Hausstromes

12. Kosten der Schornsteinreinigung/Kaminkehrer

13. Kosten der Sach- und Haftpflichtversicherung (dazu gehören: Haftpflichtversicherung, Feuer-, Sturm- und Wasserversicherung; nach Bedarf: Glasversicherung, Öltankversicherung)

14. Kosten für den Hausmeister (Lohn und Sozialabgaben)

15. Kosten des Betriebs einer Gemeinschaftsantenne, Kabelgebühren

16. Kosten des Betriebs einer Waschküche (sofern die Kosten nicht gesondert umgelegt werden)

17. Sonstige Betriebskosten (Anlagen und Einrichtungen der Wohnanlage)

Bei alten Mietverträgen geht die mietvertragliche Vereinbarung vor. Sind dort, wie es früher üblich war, keine oder nur einige Betriebskosten (wie etwa Wassergeld) aufgeführt, können nur diese Kosten umgelegt werden. Im Fall von Sozialwohnungen ist die Betriebskostenumlage über die sogenannte Kostenmiete obligatorisch.

Bei *gewerblichen Objekten* gelten nur die im Mietvertrag aufgeführten Betriebskosten.

Vorauszahlung – Pauschale

Sind die in der Standardmiete genannten Beträge für Betriebs- und Heizkosten nun eine ,,Vorauszahlung" oder eine ,,Pauschale"?

Grundsätzlich darf der Vermieter bestimmen, ob er eine Vorauszahlung (mit Abrechnung) oder eine Pauschale (ohne Abrechnung) verlangen will. Beides ist möglich, und beides hat Vor- und Nachteile.

Nachteilig ist in jedem Fall, wenn diese Bestimmung bei Vertragsabschluß offengelassen wird. Es läßt sich später endlos darüber streiten, wie es nun gemeint war.

Vorauszahlung bedeutet: Man muß auch abrechnen können, das heißt die technischen Einrichtungen müssen gegeben sein und auch der Verwaltungsaufwand ist zu berücksichtigen.

Kann (oder will) der Vermieter nicht abrechnen, darf eine Pauschale vereinbart werden.

Die Pauschale kann nur für die Zukunft an Kostensteigerungen angepaßt werden, ansonsten gehen vergangene Kostenerhöhungen zu Lasten des Vermieters. Die Anpassung der Pauschale ist juristisch einfacher als eine Betriebskostenabrechnung. Wird eine Pauschale vereinbart, hat dies wirtschaftliches ,,Kostencontrolling" zur Folge.

Wird eine Vorauszahlung vereinbart, ist innerhalb eines Jahres nach Ende eines Wirtschaftsjahres über die entstandenen Betriebskosten abzurechnen. Ein Wirtschaftsjahr muß zwölf Monate umfassen, es ist jedoch nicht zwingend auf das Kalenderjahr bezogen, sondern kann frei gewählt werden.

Im Fall von Heizungs- und Warmwasserkosten ist der Fall klar: Nach der Heizkostenverordnung ist dieser Betrag zwingend eine Vorauszahlung, da nach der Heizkostenverordnung eine Pflicht zur Abrechnung besteht.

Heizkosten

Werden Wohnungen ofenbeheizt, hat sich der Mieter um Brennstoffe und deren Abrechnung/Bezahlung selbst zu kümmern.

Bei Vorhandensein einer Zentralheizung ist der Gebäudeeigentümer für die Beheizung und Abrechnung der angefallenen Kosten zuständig. Maßgeblich ist hier die Heizkostenverordnung. Sie bestimmt in § 4 die Pflicht zur Verbrauchserfassung und die Mieträume entsprechend meßtechnisch auszustatten:

§ 4 Heizkostenverordnung

Er (der Gebäudeeigentümer) hat dazu Räume mit Ausstattungen zur Verbrauchserfassung zu versehen; die Nutzer haben dies zu dulden. Die Wahl der Ausstattung bleibt ... dem Gebäudeeigentümer überlassen.

Zur Erfassung des anteiligen Wärmeverbrauchs sind Wärmezähler oder Heizkostenverteiler, zur Erfassung des anteiligen Warmwasserverbrauchs Warmwasserzähler oder andere geeignete Ausstattungen zu verwenden (§ 5 Abs. 1 Heizkostenverordnung).

Der Gebäudeeigentümer hat die Kosten der Versorgung mit Wärme und Warmwasser auf der Grundlage der Verbrauchserfassung auf die Nutzer zu verteilen. Es sind mindestens 50 % der Kosten nach Anteilen, maximal bei Wärme 50 % am Gesamtverbrauch auf die Nutzer aufzuteilen. Im weiteren geht die Heizkostenverordnung auf (technische) Einzelheiten ein, auf die wir an dieser Stelle verzichten können.

Ausnahmen für die Verpflichtung zur verbrauchsabhängigen Abrechnung von Heizkosten sind:

– Gebäude mit nicht mehr als zwei Wohnungen, wobei eine Wohnung vom Vermieter selbst bewohnt wird
– wenn das Anbringen der Meßeinrichtungen oder der Verteilung der Kosten nicht oder nur mit unverhältnismäßig großem Aufwand möglich ist
– Alten- und Pflegeheime, Studenten- und Lehrlingsheime
– vergleichbare Gebäude, bei deren Nutzung in der Regel keine Mietverträge abgeschlossen werden (zum Beispiel Hotels, Pensionen, Ferienheime usw.)
– Gebäude, die überwiegend versorgt werden mit Fernwärme oder Wärme aus Wärmepumpen, Solaranlagen, Abwärme, Anlagen der Kraftwärmekopplung usw.

Für zentral beheizte Wohnungen besteht aufgrund der Heizkostenverordnung eine Pflicht zur Verbrauchserfassung und Verbrauchsabrechnung von mindestens 50 %:50 %.

Das bedeutet: 50 % der Kosten dürfen nach Verbrauchseinheiten und 50 % nach Wohnfläche abgerechnet werden, es darf aber auch ein Verhältnis bis maximal 70 % zugunsten der Verbrauchseinheiten gewählt werden, also zum Beispiel 70:30 (70 % Verbrauchseinheiten: 30 % Wohnfläche). Die Wahl bleibt dem Gebäudeeigentümer überlassen (§ 6 Abs. 4 Heizkostenverordnung).

Der Mieter kann die Kosten des auf ihn entfallenden Anteils um 15 % kürzen, wenn keine Ausstattung zur Verbrauchserfassung der Heizung entsprechend der Heizkostenverordnung installiert worden ist.

Bei Mieterwechsel sind die Heizkosten zwischen Vor- und Nachmieter aufzuteilen.

Dies geschieht in der Regel durch eine Zwischenablesung bei Auszug. Aufgrund des Verdunstungsprinzips bei Heizkostenverteilern ist jedoch eine Mindestheizdauer notwendig, um einen meßbaren Verbrauch zu erhalten. Wird diese Mindestheizdauer nicht erreicht, wird der Verbrauch nach der Gradtagzahlenmethode aufgeteilt, das heißt jeder Kalendermonat wird mit einer bestimmten Zahl bewertet. Diese Wärmegrad-Tagzahlen sind in einer DIN-Norm festgelegt. Die Gerichte erkennen diese Methode der Aufteilung an. Letztlich entfallen dadurch auch die Kosten der ansonsten notwendigen Zwischenablesung.

Ist der Mieter trotz mehrmaliger Ableseversuche nicht zu Hause, ist nach den Vorschriften der Heizkostenverordnung eine Schätzung seines Verbrauchs zulässig. Eine Schätzung ist auch dann zulässig, wenn einzelne Heizkostenverteiler ausgefallen sein sollten.

Wohnfläche und beheizbare Fläche

Von den Gerichten werden die Vorschriften aus dem sozialen Wohnungsbau auch auf Wohnungen im freifinanzierten Wohnungsbau angewandt. Hier enthält die II. Berechnungsverordnung in den §§ 42 bis 44 folgende Regelungen:

Wohnflächenberechnung:

– Alle Flächen innerhalb der Wohnung gelten als Wohnfläche.
– Balkone sind zur Hälfte anzurechnen, also zur Hälfte Wohnfläche.
– Bei Dachgeschoßwohnungen ist die Grundfläche mit einer lichten Höhe von mehr als einem Meter und weniger als zwei Meter zur Hälfte zu berücksichtigen. Flächen von weniger als einem Meter lichter Höhe bleiben unberücksichtigt.
– Räume außerhalb der Wohnung, wie Keller, Dachboden, Kammern usw., soweit sie nicht zu Wohnzwecken geeignet sind, bleiben unberücksichtigt.
– Die Grundfläche eines Raumes kann nach den Fertigmaßen oder den Rohbaumaßen ermittelt werden. Die Wahl bleibt dem Vermieter überlassen.
– Zur errechneten Grundfläche sind Schornsteine, Mauervorlagen, freistehende Pfeiler, Säulen, Treppen und Treppenabsätze abzuziehen und Fenster- und Wandnischen, Erker und Wandschränke (bei bestimmten Größen) hinzuzurechnen.

Heizkosten sind entsprechend der Heizkostenverordnung nach beheizbarer Fläche abzurechnen. Unter beheizbarer Fläche wird die Wohn-
beziehungsweise Nutzfläche abzüglich Balkon verstanden.

Die Pacht

Welches sind die rechtlichen Unterschiede zwischen Miete und Pacht?

Die rechtlichen Grundlagen zwischen Miete und Pacht sind sehr ähnlich. Durch den Pachtvertrag wird der Verpächter verpflichtet, dem
Pächter den ,,Genuß der Früchte" zu gewähren. Bei Gebrauchsüberlassung ohne Ertrag handelt es sich um Miete.

Beispiel: Die Gaststätte
Wird ein nackter Raum zur Einrichtung einer Gaststätte vergeben,
handelt es sich um Miete. Wird eine eingerichtete Gaststätte weiter-
vergeben, handelt es sich um Pacht, da der Pächter sofort mit dem
Betrieb der Gaststätte beginnen kann. Das Pachtrecht, geregelt in den
§§ 581 bis 597 Bürgerliches Gesetzbuch ist ansonsten im wesentlichen
dem gewerblichen Mietrecht ähnlich.

Zusammenfassung der Mietenbegriffe

- Bei Gewerbeobjekten gilt eine frei vereinbarte Miete, die sogenannte *Marktmiete.* Die rechtliche Obergrenze bildet der Miet-
  wucher. Innerhalb dieser sehr großen Spannbreite kann sich der
  Vermieter relativ frei bewegen.
- Bei öffentlich geförderten Wohnungen (Sozialwohnungen) gilt die
  sogenannte *Kostenmiete,* eine nach gesetzlichen Vorschriften berechnete Miete.
- Bei freifinanziertem Wohnraum ist maßgeblich die sogenannte *ortsübliche Miete,* die nicht wesentlich überschritten werden darf (Mietspiegel, Gutachten, Vergleichswohnungen).

Die weiteren Begriffe des Allgemeinen Mietrechts wie Kündigung, Abmahnung, Mängel, Mietminderung, Schöhnheitsreparaturen, Kleinreparaturen, Untervermietung, Hausordnung, Kaution usw. folgen in Teil II und III.

4. Höhe der Miete

Zu unterscheiden sind die Miethöhe bei Neuvermietung und die Miethöhe im Bestand, also bei bestehenden Mietverhältnissen.

Grundsätzlich gilt für beide Fälle der Grundsatz der „ortsüblichen Miete'', jedoch in unterschiedlicher Anwendung.

Die Miethöhe bei Neuvermietung

Wird eine Wohnung neu vermietet, so ist bezüglich der Miethöhe wichtig, welche Vermietungsstrategie Sie als Vermieter verfolgen. Hierzu werden wir uns (auf den Seiten 62 ff.) ausführlicher beschäftigen. Die Vermietungsstrategie hat jedenfalls einen wichtigen Einfluß auf die Miethöhe.

Zulässig ist im Fall einer Neuvermietung, daß die ortsübliche Miete um 20 % überschritten werden darf.

Beispiel: Gemäß Mietspiegel beträgt die ortsübliche Miete für die in Frage kommende Wohnung DM 10, – pro m². Zulässig wäre eine neue Miete von DM 12, – pro m² (10, – DM plus 20 %) zuzüglich Betriebskosten.

Die „ortsübliche Miete'' wird vielfach durch Aufstellung eines sogenannten Mietspiegels festgelegt.

Der Mietspiegel

Der Mietspiegel wird üblicherweise von der Kommune/Stadtverwaltung in Zusammenarbeit mit dem Hausbesitzerverein und dem Mieterverein erstellt. Durch die Mitwirkung der Kommune erhält er eine Art „amtlichen Charakter'', obwohl er nicht „amtlich'' ist.

Falls die Aufstellung des Mietspiegels durch statistische Erhebung gezahlter Mieten erfolgt, sind nur die Mieten aus Verträgen, die innerhalb der letzten vier Jahre abgeschlossen wurden, zu berücksichtigen. Eine Pflicht von Vermietern, solche neuen Mieten zu melden, besteht nicht. Das Zustandekommen der Beträge in einem Mietspiegel ist deshalb in der Regel nicht nachvollziehbar.

Es gibt auch keine Pflicht zur Aufstellung eines Mietspiegels. In vielen Städten existieren deshalb auch keine Mietspiegel oder sie sind veraltet, weil sich die Parteien nicht einigen können. Der Vermieter kann sich bei Nichtvorhandensein eines Mietspiegels auch auf einen Mietspiegel einer vergleichbaren Stadt beziehen.

Die hauptsächliche Schwierigkeit in der Praxis liegt allerdings darin, die Lage der jeweiligen Wohnung, die Mietpreisgestaltung des Mietvertrages und die Mietpreisübersicht des Mietspiegels in Einklang zu bringen.

Beispiel: Eine Miete ist gemäß älterem Mietvertrag wie folgt gegliedert: Miete + Grundsteuer + Wasser + Hausmeister + Versicherungen = Gesamtmiete

Der Mietspiegel ist gegliedert: Miete von DM . . . bis DM . . . inclusive Grundsteuer und Versicherungen, zuzüglich Verbrauchskosten wie Wasser und Strom.

Somit stimmen der Mietspiegel und der Mietvertrag nicht überein (was in der Praxis die Regel ist).

Der Mietspiegel ändert nicht den Mietvertrag! In der Mietspiegel-Miete sind an diesem Beispiel (und in der Regel bei den meisten Mietspiegel) Kosten enthalten, die laut Mietvertrag extra zu bezahlen sind und abgerechnet werden. Dies bedeutet in der Praxis: Jede Miete ist anhand einer Betriebskostenliste individuell entsprechend dem obigen Beispiel einzeln zu berechnen.

Beispiel: Mietspiegel einschließlich Punktesystem zur Lage und Ausstattung der Wohnung (einfach, normal, gut)

Musterstädter Mietspiegel			
Übersicht über die ortsüblichen Vergleichsmieten Mieten in DM/pro m²/monatlich			
Größe m²	bis 45 m²	45 – 75 m²	über 75 m²
Baujahr bis 1948			
einfach	8,35 – 9,10	5,95 – 7,25	5,45 – 6,95
normal	9,15 – 10,65	7,30 – 8,50	6,55 – 8,45
gut	– –	8,70 – 9,70	7,70 –
Baujahr: 1949 – 59			
einfach	8,95 – 9,65	7,20 – 8,15	6,35 – 8,00
normal	11,05 – 11,20	8,25 – 9,55	7,15 – 9,35
gut	– –	9,45 – 10,85	8,00 – 11,45
Baujahr: 1960 – 72			
einfach	9,85 – 10,30	7,90 – 9,05	8,50 – 8,95
normal	11,30 – 11,95	8,75 – 10,50	9,95 – 10,25
gut	12,75 – 13,60	9,55 – 12,00	10,95 – 11,60
Baujahr: 1973 – 82			
einfach entfällt			
normal	12,50 – 13,10	9,20 – 12,15	8,85 – 10,65
gut	12,95 – 14,55	12,10 – 14,75	10,55 – 12,65
Baujahr ab 1983			
einfach entfällt			
normal	12,95 – 14,10	11,85 – 13,95	9,95 – 12,35
gut	13,95 – 16,20	12,55 – 15,15	12,30 – 14,95
Nicht enthalten in diesen Mietbeträgen sind die verbrauchsabhängigen Kosten wie Wasser, Kanalgebühren, Gartenpflege, Hausreinigung, Aufzug und Heizung sowie Warmwasser.			

Punktesystem

zur
Lage und Ausstattung der Wohnung

	Punkte:
Zentralheizung	3
Bad/Dusche/WC	2
Bad/Dusche/WC getrennt	3
Parkettboden	1
Fenster mit Isolierverglasung	2
Abstellraum über 1 m^2 innerhalb der Wohnung	1
Balkon/Loggia/Terasse bis 8 m^2	1
Balkon/Loggia/Terasse über 8 m^2	2
Lage: Villenviertel	2
Aufgelockerte Bauweise mit Grünflächen	1

Abzüge:	
Nicht abgeschlossene Wohnung	1
Toilette außerhalb der Wohnung	2
Großer Flur, hohe Wände	1
Öfen, Herd im Mietereigentum	2
Einfachverglasung der Fenster	2
Kein Kellerabteil	1
Wesentliche Umwelteinflüsse	2
Summe der Punkte:	

Eine Wohnung gilt als
einfach,   wenn weniger oder bis 0 Punkte
normal,   wenn 0 bis 5 Punkte
gut,   wenn 6 oder mehr Punkte erzielt werden.

Innerhalb des Mietspiegels kann sich der Vermieter bei der Neuvermietung einer Wohnung weitgehend frei bewegen, sofern er die Miethöhe des Mietspiegels nicht verläßt. Schwierig wird es dann, wenn der Vermieter über diesen Rahmen der ortsüblichen Miete hinaus will oder hinaus muß, weil zum Beispiel seine Kosten durch die Miete des Mietspiegels nicht gedeckt sind, zum Beispiel beim Neubau. Eine Überschreitung ist möglich, wenn der Vermieter höhere Kosten nachweist. Damit werden wir uns aber noch genau befassen.

Besteht in Ihrer Stadt oder Kommune kein Mietspiegel, dann ist die „ortsübliche Miete" als rechtstheoretische Grenze nach wie vor vorhanden, jedoch nicht schriftlich fixiert. Zu diesem Punkt beschäftigen wir uns näher unter „Vermietungsstrategien" (ab Seite 62 ff.).

Die Mieterhöhung im Bestand

Als Vermieter muß man bei Neuvermietungen, das heißt bei Abschluß eines Mietvertrages in bezug auf die Miethöhe auch an die spätere Zeit denken, nämlich wenn in einem Jahr oder später eine Mieterhöhung erfolgen soll.

Die Besonderheiten bei der Mieterhöhung

Maßgebend im freifinanzierten Wohnungsbau ist hier das schon genannte Miethöhegesetz. Grundvoraussetzung ist:

- Die Miete muß ein Jahr unverändert sein.
- Die verlangte neue Miete darf, wie schon erwähnt, nur so hoch sein, daß sie die „ortsüblichen Entgelte" nicht übersteigt (erste Kappung). Man nennt die Miete im freifinanzierten Wohnungsbau deshalb die „ortsübliche Vergleichsmiete".
- Es gilt eine (zweite) Kappungsgrenze in Prozent.

Die Systematik der Kappungsgrenze

Innerhalb der Kappungsgrenze kann sich der Vermieter frei bewegen, das heißt er kann einmal die volle Mieterhöhung verlangen, er kann aber auch „strecken".

Die Kappungsgrenze wird von der Grundmiete berechnet, Betriebskosten bleiben unberücksichtigt.

Beispiel: Berechnung der Kappungsgrenze

Die Miete (Netto-kalt-Miete) setzt sich wie folgt zusammen:

Grundmiete (Netto)	DM 700, –
+ Betriebskosten-Vorauszahlung	DM 100, –
+ Heizkosten-Vorauszahlung	DM 100, –
Gesamtmiete	DM 900, –

Kappungsgrenze:
30 % von DM 700, – = DM 210, –

Höchstmiete nach Kappungsgrenze:
DM 700, – + DM 210, – = DM 910, – (+ 2 x DM 100, –)

Die neue mögliche Miete von DM 910, – darf jedoch die ,,ortsübliche Vergleichsmiete" nicht wesentlich übersteigen. Unter ,,nicht wesentlich" werden derzeit 20 % (über der ortsüblichen Miete) verstanden. Übersteigt an unserem Beispiel der Betrag von DM 910, – die ortsübliche Miete wesentlich, ist sie wiederum entsprechend zu kürzen.

Beispiel: Die ortsübliche Miete des Mietspiegels würde bei DM 700, – liegen + 20 % Wesentlichkeitsgrenze = DM 150, – = DM 900, –; somit würde die obige Miete von DM 910, – auf DM 900, – nocheinmal gekappt.

Die Staffelmiete

Eine legale Methode, über die Höhe der ortsüblichen Miete hinauszukommen, ist die Staffelmiete.

An sie muß man bereits bei der Vermietung, also bei Abschluß des Mietvertrages denken und sie entsprechend in den Mietvertrag einfügen. Grundlage für Mietwohnungen ist § 10 des Miethöhegesetzes:

*§ 10 Miethöhegesetz (Abweichende Vereinbarungen;
Anwendungsbereich)*

(1) Vereinbarungen, die zum Nachteil des Mieters von den Vorschriften der §§ 1 bis 9 abweichen, sind unwirksam, es sei denn, daß der Mieter während des Bestehens des Mietverhältnisses einer Mieterhöhung um einen bestimmten Betrag zugestimmt hat.

(2) Abweichend von Absatz 1 kann der Mietzins für bestimmte Zeiträume in unterschiedlicher Höhe schriftlich vereinbart werden. Die Vereinbarung eines gestaffelten Mietzinses darf nur einen Zeitraum bis zu jeweils zehn Jahren umfassen. Während dieser Zeit ist eine Erhöhung des Mietzinses nach den §§ 2, 3 und 5 ausgeschlossen. Der Mietzins muß jeweils mindestens ein Jahr unverändert bleiben und betragsmäßig ausgewiesen sein. Eine Beschränkung des Kündigungsrechts des Mieters ist unwirksam, soweit sie sich auf einen Zeitraum von mehr als vier Jahren seit Abschluß der Vereinbarung erstreckt.

Der gestaffelte Mietzins bezieht sich auf die Netto-kalt-Miete. Das komplizierte Mieterhöhungsverfahren nach § 2 Miethöhegesetz entfällt.

Bei Abschluß des Mietvertrages ist eine entsprechende Staffel-Vereinbarung schriftlich zu treffen. Dies gilt sowohl für Wohnungen als auch für Gewerbeobjekte.

Indexvereinbarungen, die neuerdings auch für Wohnungen zulässig sind, können mit einer Staffelmiete kombiniert werden, zum Beispiel in der Weise, daß zunächst eine Staffelmiete gilt und danach die Indexklausel.

Anforderungen an eine Staffelmiete

- Laufzeit maximal 10 Jahre
- Zwischen den Mieterhöhungen muß ein Zeitraum von einem Jahr liegen.
- Die jeweilige Miete muß in DM-Beträgen beziffert werden, prozentuale Angaben usw. genügen nicht.

Beispiel:

Die Grundmiete beträgt   DM 800, –

Diese Miete erhöht sich:

am 1. 6. 94 *von* DM 800, – *um* DM 100, – *auf* DM 900, –
am 1. 6. 95 *von* DM 900, – *um* DM 100, – *auf* DM 1000, –
am 1. 1. 97 *von* DM 1000, – *um* DM 200, – *auf* DM 1200, –
usw., insgesamter Zeitraum maximal 10 Jahre.

Wichtig ist die obige Aufgliederung: am, von, um, auf

Im Fall einer Staffelmiete gilt keine Kappungsgrenze, die Steigerung kann also frei vereinbart werden.

Nach Ablauf der Staffelmiete gilt, sofern kein Index anschließt, wieder die Vergleichsmiete. Es könnte auch eine neue Staffelmiete vereinbart werden. Nachträglich kann sie jedoch nur mit Zustimmung des Mieters eingeführt werden.

Die Indexerhöhung

Seit dem 4. Mietrechtsänderungsgesetz, also seit 1. 9. 1994, ist es möglich, eine sogenannte Indexvereinbarung zu treffen, wonach sich die Miete entsprechend dem Lebenshaltungsindex erhöht. Voraussetzung ist jedoch, daß

– der Mietvertrag nach § 3 Währungsgesetz genehmigt wird,
– der Mietzins ein Jahr unverändert sein muß, wobei Erhöhungen der Betriebskosten ausgenommen sind,
– keine ,,normale" Mieterhöhung nach § 2 Miethöhegesetz erfolgt,
– keine Mieterhöhung aufgrund wertverbessernder Maßnahmen durchgeführt wird; ausgenommen sind nur bauliche Maßnahmen, die der Vermieter nicht zu vertreten hat,
– die Mieterhöhung aufgrund des Indexes auch nicht automatisch eintritt, sondern sie gegenüber dem Mieter schriftlich erklärt werden muß.

Die größe Hürde ist der erste Punkt, denn die Genehmigung nach § 3 Währungsgesetz setzt eine Laufzeit des Mietvertrages von zehn Jahren und mehr voraus, das heißt der Vermieter muß sich verpflichten, auf die Zeit von zehn Jahren keine Kündigung des Mietverhältnisses (Ausnahme fehlende Mietzahlung) vorzunehmen.

Beispiel einer Indexklausel:
In den Mietvertrag wird folgende Formulierung aufgenommen:

,,Ändert sich der vom Statistischen Bundesamt ermittelte Preisindex für Lebenshaltung von 4-Personen-Arbeitnehmer-Haushalten mit mittlerem Einkommen gegenüber dem Index für den Monats des Vertragsbeginns mit dem Basisjahr 1980 um mindestens zehn Punkte nach oben oder unten, so ändert sich der Mietpreis ab Beginn des auf die Indexänderung folgenden Monats ebenso im gleichen Verhältnis, wie sich die Indexzahlen geändert haben. Das gleiche gilt jeweils, wenn nach einer solchen Änderung der Index wieder um mindestens zehn Punkte gestiegen oder gefallen ist.''

Frage: Wann ist eine Mieterhöhung fällig, wenn ein Mietverhältnis am 1. 1. 1994 begonnen hat? – Angenommen, es läge folgende Indexveröffentlichung vor:

Jahr/Monat	4-Personen-Arbeitnehmer-Haushalt 1980 = 100 %	Jahr/Monat	4-Personen-Arbeitnehmer-Haushalt 1980 = 100 %
1994		Juni	118,6
Januar	109,9	September	118,2
März	110,1	Dezember	119,3
Juni	112,4	**1997**	
September	112,9	Januar	119,9
Dezember	113,9	Februar	120,4
1995		März	120,6
Januar	114,4	April	120,9
März	114,4	Mai	121,1
Juni	115,5	Juni	121,1
September	116,5	Juli	120,9
Dezember	117,0	August	120,5
1996		September	120,6
Januar	117,5	Oktober	121,0
März	117,9	Dezember	121,1

Ergebnis:

Stand am 1. 1. 1994 = 109,9
+ 10 Punkte = Stand am 1. 2. 1997 = 120,4, somit Mieterhöhung ab
1. 3. 1997

Mieterhöhungsformel

Punkte sind nicht gleich Prozent, das heißt 10 Punkte sind nicht 10 %.
Hier ist eine Umrechnungsformel anzuwenden. Sie lautet:

$$\frac{\text{Alte Miete x neuer Index}}{\text{alten Index}} = \text{neue Miete}$$

Beispiel:
Miete DM 1000, –

$$\frac{1000,- \text{ x } 120,4}{109,9} = \text{DM } 1095,54$$

Betriebskostenvorauszahlung

In der Praxis werden im Zuge einer Neuvermietung auch die Betriebskosten überprüft und eventuell Kostensteigerungen durch Anpassung
der Vorauszahlung oder Pauschale angeglichen. Dies ist rechtlich sowohl in den alten wie auch in den neuen Ländern problemlos möglich, allerdings gilt:

§ 4 Miethöhegesetz

*(1) Für Betriebskosten im Sinne des § 27 der Zweiten Berechnungs-
verordnung dürfen Vorauszahlungen nur in angemessener Höhe vereinbart werden. Über die Vorauszahlungen ist jährlich abzurechnen.*

*(2) Der Vermieter ist berechtigt, Erhöhungen der Betriebskosten durch
schriftliche Erklärung anteilig auf den Mieter umzulegen. Die Erklärung ist nur wirksam, wenn in ihr der Grund für die Umlage bezeichnet und erläutert wird.*

Die tatsächlich eingetretenen Betriebskostenerhöhungen können also direkt an den Mieter weitergegeben werden. Dies erfolgt im Fall einer Neuvermietung durch Anpassung der Betriebskosten.

5. Umlage der Betriebskosten und Betriebskostenabrechnung

Betriebskosten sind Kosten, die dem Eigentümer (Erbbauberechtigten) durch das Eigentum (Erbbaurecht) am Grundstück oder durch den bestimmungsmäßigen Gebrauch des Gebäudes oder der Wirtschaftseinheit, der Nebengebäude, Anlagen, Einrichtungen und des Grundstücks laufend entstehen; es sei denn, daß sie üblicherweise vom Mieter außerhalb der Miete unmittelbar getragen werden. Die umlagefähigen Betriebskosten im einzelnen:

Die laufend öffentlichen Lasten des Grundstücks

Hierzu gehört namentlich die Grundsteuer, jedoch nicht die Hypothekengewinnabgabe.

Die Kosten der Wasserversorgung

Hierzu gehören die Kosten des Wasserverbrauchs, die Grundgebühren und die Zählermiete, die Kosten der Anmietung oder anderer Arten der Gebrauchsüberlassung von Wasserzählern sowie die Kosten ihrer Verwendung einschließlich der Kosten der Berechnung und Aufteilung, die Kosten des Betriebs einer hauseigenen Wasserversorgungsanlage und eine Wasseraufbereitungsanlage einschließlich der Aufbereitungsstoffe.

Die Kosten der Entwässerung

Hierzu gehören die Gebühren für die Haus- und Grundstücksentwässerung, die Kosten des Betriebs einer entsprechenden nicht öffentlichen Anlage und die Kosten des Betriebs einer Entwässerungspumpe.

Heizung und Warmwasseranlage

Hier gehen die Regelungen der Heizkostenverordnung vor.

42

5. Umlage der Betriebskosten und Betriebskostenabrechnung

Kosten des Betriebs des maschinellen Personen- oder Lastenaufzugs

Hierzu gehören die Kosten des Betriebsstroms, die Kosten der Beaufsichtigung, der Bedienung, Überwachung und Pflege der Anlage, der regelmäßigen Prüfung ihrer Betriebsbereitschaft und Betriebssicherheit einschließlich der Einstellung durch einen Fachmann sowie die Kosten der Reinigung der Anlage.

Die Kosten der Straßenreinigung und Müllabfuhr

Hierzu gehören die für die öffentliche Straßenreinigung und Müllabfuhr zu entrichtenden Gebühren oder die Kosten entsprechender nicht öffentlicher Maßnahmen.

Die Kosten der Hausreinigung und Ungezieferbekämpfung

Zu den Kosten der Hausreinigung gehören die Kosten für die Säuberung der von den Bewohnern gemeinsam benutzten Gebäudeteilen, wie Zugänge, Flure, Treppen, Keller, Bodenräume, Waschküchen, Fahrkorb des Aufzugs.

Die Kosten der Gartenpflege

Hierzu gehören die Kosten der Pflege gärtnerisch angelegter Flächen einschließlich der Erneuerung von Pflanzen und Gehölzen, der Pflege von Spielplätzen einschließlich der Erneuerung von Sand und der Pflege von Plätzen, Zugängen und Zufahrten, die dem nicht öffentlichen Verkehr dienen.

Die Kosten der Beleuchtung

Hierzu gehören die Kosten des Stroms für die Außenbeleuchtung und die Beleuchtung der von den Bewohnern gemeinsam benutzten Gebäudeteilen wie Zugänge, Flure, Treppen, Keller, Bodenräume, Waschküchen.

Die Kosten der Schornsteinreinigung

Hierzu gehören die Kehrgebühren nach der maßgebenden Gebührenordnung.

Die Kosten der Sach- und Haftpflichtversicherung

Hierzu gehören namentlich die Kosten der Versicherung des Gebäudes gegen Feuer-, Sturm- und Wasserschäden, der Glasversicherung, der Haftpflichtversicherung für das Gebäude, den Öltank und den Aufzug.

Die Kosten für den Hauswart

Hierzu gehören die Vergütung, die Sozialbeiträge und alle geldwerten Leistungen, die der Eigentümer (Erbbauberechtigte) dem Hauswart für seine Arbeit gewährt, soweit diese nicht die Instandhaltung, Instandsetzung, Erneuerung, Schönheitsreparaturen oder die Hausverwaltung betrifft.

Soweit Arbeiten vom Hauswart ausgeführt werden, dürfen Kosten für Arbeitsleistungen, wie Wasserversorgung, Entwässerung, Heizung und Warmwasseranlage, Straßenreinigung und Müllabfuhr, Hausreinigung und Ungezieferbekämpfung, Gartenpflege, Beleuchtung, Schornsteinreinigung, nicht angesetzt werden.

Die Kosten des Betriebs der Gemeinschafts-Antennenanlage

Hierzu gehören die Kosten des Betriebsstroms und die Kosten der regelmäßigen Prüfung ihrer Betriebsbereitschaft einschließlich der Einstellung durch einen Fachmann oder das Nutzungsentgelt für eine nicht zur Wirtschaftseinheit gehörenden Antennenanlage.

Die Kosten des Betriebs der mit einem Breitbandkabelnetz verbundenen privaten Verteilanlage

Hierzu gehören die Kosten entsprechend den Kosten der Gemeinschafts-Antennenanlage, ferner die laufenden monatlichen Grundgebühren für Breitbandanschlüsse.

Die Kosten des Betriebs der maschinellen Wascheinrichtung

Hierzu gehören die Kosten des Betriebsstroms, die Kosten der Überwachung, Pflege und Reinigung der maschinellen Einrichtung, der regelmäßigen Prüfung ihrer Betriebsbereitschaft und Betriebssicherheit sowie die Kosten der Wasserversorgung entsprechend den Kosten der Wasserversorgung auf Seite 42, soweit sie nicht dort bereits berücksichtigt sind.

Sonstige Betriebskosten

Das sind die bisher nicht genannten Betriebskosten, namentlich die Betriebskosten von Nebengebäuden, Anlagen und Einrichtungen.

Betriebskostenerfassung

Ausgangssituation: Die Grundmiete beträgt DM 10, – x 70 m^2 = DM 700, – .

Zu dieser Grundmiete werden noch die Betriebskosten hinzugerechnet. – Wie erhalten wir nun den konkreten Betrag?

Praxis-Tip:

Vor Schätzungen ist dringend abzuraten. Es bleibt nichts anderes übrig, diese Zahlen entweder aus der Buchführung zu übernehmen oder jede einzelne Position Beleg um Beleg zu ermitteln.

Beispiel:

**Betriebskostenerfassung
für Objekt: Musterstraße 20**

1. Grundsteuer   DM _____
   falls nicht greifbar:
   Grundsteuermeßbetrag
   (Zentralfinanzamt) x Hebesatz
   der Kommune

2. Wassergebühren
   Bescheid der Städtischen
   Werke   DM _____

3. Kanalgebühren
   Veranlagungsbescheid   DM _____

4.-6. Heizung/Warmwasser/
      Fernwärme
      Diese Kosten gehen in die
      Heizkostenabrechnung ein.

7. Aufzug
   Wartungskosten, abzüglich
   Reparaturanteile, einschließ-
   lich TÜV   DM _____

8. Straßenreinigung und
   Müllabfuhr
   Veranlagungsbescheide   DM _____

9. Hausreinigung und Ungeziefer-
   bekämpfung;
   Hausreingiung: Rechnung einer
   Firma oder Lohn einschließ-
   lich Nebenkosten einer
   Putzfrau;
   Ungeziefer: Rechnung des
   Kammerjägers;
   insgesamt   DM _____

11. Beleuchtung und Hausstrom
    Rechnung des E-Werkes   DM _____

12. Schornsteinreinigung
    Rechnung des Kaminkehrers   DM _____

13. Sach- und Haftpflichtver-
    sicherung (des Anwesens)
    Quittungen über die Haft-
    pflicht-, Feuer-, Sturm-,
    Wasser-, Öltank-, Gebäude-
    und Glasversicherung
    Summe der vorhandenen Ver-
    sicherungen   DM _____

14. Kosten des Hausmeisters
    Lohnkosten und Sozialabgaben,
    abzüglich Anteile für Repara-
    turen und Verwaltung   DM _____

15. Gemeinschaftsantenne/Kabel
    Wartungsrechnung und Kabel-
    gebühren   DM _____

16. Kosten der Waschküche
    sofern diese nicht extra
    über Münzzähler abgerechnet
    werden   DM _____

17. Sonstige Betriebskosten,
    zum Beispiel Dachrinnen-
    reinigung, Hebeanlage,
    Wartung von Haustechnik   DM _____

Gesamtsumme   DM

Ermittlung der Betriebskostenvorauszahlung bei der Neuvermietung

Obige Summe DM . . . : m² Gesamtwohnfläche des Hauses: 12 Monate = DM . . . pro m²/monatlich x m² Wohnfläche der Wohnung

Beispiel:
Summe Betriebskosten DM 9000, – : 500 m² Gesamtwohnfläche des Hauses: 12 Monate = DM 1,50 pro m² Wohnfläche/monatlich

Unsere Wohnung hat 70 m², also DM 1,50 x 70 m² = DM 105, – monatlich Betriebskostenvorauszahlung zur Miete.

Werden Betriebskosten wesentlich niedriger angesetzt, als sie tatsächlich sind, gibt es in der Regel Ärger bei der späteren Betriebskostenabrechnung. Man spricht in diesem Fall von ,,Lockvogel-Angeboten'', die den Mieter durch eine zu niedrige Betriebskostenvorauszahlung über die tatsächlichen Kosten täuschen sollen.

Werden bei Vertragsabschluß Betriebskosten vergessen, gelten diese für die volle Vertragslaufzeit als ,,nicht vereinbart'', das heißt sie können nachträglich (ohne Zustimmung des Mieters durch Unterschrift) nicht umgelegt werden. Die vergessene Grundsteuer kann bei einem langfristigen Vertrag die Höhe des Kaufpreises einer Eigentumswohnung erreichen.

Praxis-Tip:

Es kann Gründe geben, die vollen Betriebskosten nicht umzulegen, das heißt einzelne Positionen wegzulassen und sie zum Beispiel in die Grundmiete einzurechnen. Werden sie bewußt weggelassen, muß man sich darüber im Klaren sein, daß dieser Schritt für die Dauer dieses Mietverhältnisses endgültig ist.

Von besonderer Bedeutung, aufgrund ihrer Höhe, ist diese Mietpreisgestaltung bei gewerblichen Objekten. Es gilt der Grundsatz: Der gewerbliche Mieter hat immer sämtliche Betriebskosten zu tragen, entweder in der Grundmiete (eingerechnet) oder neben der Grundmiete.

Die Mietpreisgestaltung bei den Betriebskosten legt auch gleich den Grundstein für die spätere Betriebskostenabrechnung.

Der Mietvertrag gibt bereits den Schwierigkeitsgrad der Abrechnung vor.

Praxis-Tip:

Es kann nur dringend empfohlen werden, im Mietvertrag auch bereits den Umlageschlüssel zu vereinbaren, zum Beispiel durch einen Satz: ,,Die genannten Betriebskosten werden nach m² Wohnfläche umgelegt.``

Grundsätze der Betriebskostenabrechnung

1. Grundsatz: Die Betriebskostenabrechnung ist eine reine Verteilung von Kosten nach Mietrecht.

Vereinfacht dargestellt bedeutet dies:
- Es gibt ein Grundstück mit einem Wohngebäude (die Wirtschaftseinheit).
- Es besteht ein Abrechnungszeitraum (zum Beispiel 1. 1. bis 31. 12. 19..)
- Die in dieser Zeit anfallenden Kosten werden auf alle Mieter gleichmäßig verteilt (umgelegt).

2. Grundsatz: Bei den Betriebskosten kommt es auf Art und Umfang der Benützung durch den Mieter nicht an.

Beispiel: Aufzug
Der Aufzug ist eine Gemeinschaftseinrichtung. Auf die Benützung durch den einzelnen Mieter kommt es nicht an. Die Kosten werden auf alle gleichmäßig verteilt.

Beispiel: Spielplatz
Auf dem Grundstück besteht ein Sandkasten. Der Sand wird regelmäßig ausgetauscht, die Kosten werden auf alle Mieter gleichmäßig verteilt, auch auf diejenigen, die keine Kinder haben.

Kostenerfassung – Abrechnungszeitraum

Das Hauptproblem der Betriebskostenabrechnung ist die konkrete mietrechtliche Kostenerfassung in bezug auf den konkreten Abrechnungszeitraum. Hierzu bieten sich folgende Möglichkeiten:

– Kontenplan
– Zählerplan
– Meßtechnische Ausstattungen
– Zuordnungsplan

Kontenplan

Die Schwierigkeit für die Buchhaltung liegt in der Unterscheidung zwischen den umlagefähigen und nicht umlagefähigen Kosten, zum Beispiel beim Aufzug, Gartenpflege, Wartungen mit Instandhaltungsanteilen usw. und der konkreten Abgrenzung bezüglich des Abrechnungszeitraums. Es bieten sich nur zwei Möglichkeiten an:

– Kontierung ohne Rücksicht auf die Umlagefähigkeit, das heißt nach Sachkonten; die Umlagefähigkeit wird entsprechend bei der Erstellung der Abrechnung geprüft, oder
– Kontierung nach Umlagefähigkeit und Nicht-Umlagefähigkeit durch entsprechend mietrechtlich bewanderte Fachkraft.

Hier ist eine grundsätzliche Entscheidung pro Objekt notwendig.

Bildung von Nutzergruppen und Abrechnungseinheiten: Besteht eine Wirtschaftseinheit aus mehreren Häusern, so sind die Kosten pro „kleinstmöglichster Einheit" (siehe nachfolgende Rechtsprechung) abzurechnen. Dies bedeutet eine Kostenerfassung pro Haus beziehungsweise pro Block, je nach den örtlichen Gegebenheiten, somit eine Kostenerfassung nach Abrechnungseinheiten.

Besteht eine Wirtschaftseinheit aus unterschiedlichen Nutzern, zum Beispiel Wohnungen, Büros, Läden, Praxen usw., so sind die gleichgelagerten Nutzer zu Nutzergruppen zusammenzufassen und abzurechnen. In jedem Fall ist der Verbrauch von Gewerbeeinheiten vom

Gesamtverbrauch abzuziehen, das heißt Kosten der Gewerbeeinheiten dürfen nicht auf Wohnungsmieter umgelegt werden.

Der Zählerplan

Bezüglich der Verbrauchskosten, insbesondere von Wasser (und Strom) bestehen folgende Schwierigkeiten:

Der Versorgungsträger liefert Wasser und rechnet aufgrund einer Wasseruhr den Verbrauch ab. In der Regel stehen auf dieser Rechnung des Versorgungsträgers die Positionen: Grundgebühr, Zählermiete, m^3-Preis, Mehrwertsteuer usw. Alle diese Positionen sind umlagefähig.

Das Problem ist: Die Abrechnungsperiode ist meist mit der Abrechnungszeit nicht identisch, zum Beispiel wir rechnen ab die Zeit vom 1. 1. bis 31. 12. eines Kalenderjahres, der Versorgungsträger aber rechnet den Zeitraum vom 1. 8. bis 31. 7. ab.

Beispiel: Nachzahlung am 1. 8. DM 1300, –
Das Buchhaltungskonto sieht zum Beispiel wie folgt aus:
Abschlagszahlung   DM   200, –
Abschlagszahlung   DM   200, –
Abschlagszahlung   DM   200, –
Nachzahlung 1. 8.   DM 1300, –
Neuer Abschlag   DM   300, –

Summe Kostenkonto: DM 2200, –

Die Probleme sind:
– Die Nachzahlung von DM 1300, – kann nicht auf die Mieter umgelegt werden, denn die Abrechnung betrifft noch den Verbrauch aus früherer Zeit und
– Abschlagszahlungen sind keine Kosten.

Somit: Eine Umlage von DM 2200, – wäre falsch! Ebenso auch eine eventuelle monatliche Abgrenzung der Nachzahlung von DM 1300, –.

Die Buchhaltung ist richtig, aber die Umlage ist falsch, denn Betriebskosten sind ausschließlich nach *Mietrecht* umzulegen.

Dies bedeutet:

Benötigt wird der Zählerstand der Wasseruhr am Anfang und Ende des Abrechnungsjahres.

+ Neuer Zählerstand (Ende des Abrechnungsjahres) ./. Alter Zählerstand (Anfang des Abrechnungsjahres) = Verbrauch im Abrechnungsjahr

Die mietrechtlich richtige Kostenerfassung lautet:

```
Verbrauch x Tarif = umlagefähige Kosten
```

Beispiel:

$1000 \text{ m}^3 \text{ x } 2,50 \text{ DM} = \text{DM } 2500, -$

Der *Tarif* wird anhand der Rechnung des Versorgungsträgers wie folgt berechnet: Endbetrag (inclusive Mehrwertsteuer): Verbrauch laut Rechnung = Bruttoeinzelpreis/Tarif

Die Folgerung hieraus ist: Pro Objekt müssen die meßtechnischen Voraussetzungen (Einbau von Uhren) geschaffen werden, um Verbräuche nach Nutzergruppen, Abrechnungseinheiten und notwendigen Aufteilungen zu erfassen. Diese Anforderungen sind von Objekt zu Objekt individuell. Erfaßt werden müssen jeweils:

- Hauptzähler
- daran angeschlossene Zwischenzähler
- daran angeschlossene Verbraucher

Meßtechnische Ausstattung

Erforderlich ist eine Erfassung:

- der Heizkosten (entsprechend der Heizkostenverordnung)
- der Verbrauchskosten und zwar
  - bei einfachen Wohnanlagen von Wasser, Strom usw., um Abgrenzungen zu vermeiden
  - bei gemischt-genutzten Objekten zusätzlich die Verbrauchskosten je Nutzergruppe

● bei großen Anlagen Erfassung sämtlicher Kosten je Abrechnungseinheit

Sofern Uhren eingebaut sind, sind regelmäßige Ablesungen erforderlich.

Jede Uhr ist anfällig, sie kann auch stehenbleiben. Der Einbau einer Uhr macht nur Sinn, wenn sie auch rechtzeitig abgelesen und kontrolliert wird.

Der Zuordnungsplan

Bei größeren Wohnanlagen und auch bei gemischt-genutzten Objekten empfiehlt es sich, die Benützung von Mülltonnen und gemeinschaftlichen Einrichtungen der jeweiligen Abrechnungseinheit abrechnungsmäßig zuzuordnen.

Umlageschlüssel

Übliche Umlageschlüssel sind:

− vermietbare Fläche
− vorhandene Meßeinrichtungen
− Personen (?)
− Anteile (%, Bruchteile, Einheiten usw.)

Die Wahl des Umlageschlüssels bestimmt der Vermieter, der Mieter hat in der Regel kein Mitspracherecht.

Notwendige Arbeitsmittel für eine Betriebskostenrechnung

Es werden folgende Unterlagen benötigt:

− Belege (Rechnungen) der angefallenen Kosten pro Objekt
− Zählerplan (wie oben)
− Ableseergebnisse (wie oben)
− Daten aus dem Mietvertrag (Vorauszahlungen/Pauschale, vereinbarte Kosten)
− Anzusetzende Beträge der Mieter (Vorauszahlungen, Soll/Ist-Betrag?)

- Mieterwechsel und eventuelle Vertragsänderungen
- Bei Umlage nach Personen: Personenaufstellung der Mieter
- Beachtung der ,,Spezialitäten'' eines Objektes

Auszüge aus der Rechtsprechung

● Der Mieter einer EG-Wohnung kann an den Aufzugskosten beteiligt werden (AG Leverkusen WM 1988, 436).
● Soweit sich aus dem Mietvertrag oder aus den Umständen nichts anderes ergibt, kann der Vermieter die Nebenkostenpauschale erhöhen. Die Erhöhung richtet sich nach der Steigerung ab Vereinbarung der Pauschale beziehungsweise deren letzter Erhöhung (AG Waiblingen WM 1988, 129).
● Die Klausel ,,Mieter trägt die üblichen Nebenkosten'' ist zu unbestimmt (OLG Celle WM 1983, 291).
● Ist in einem Formularvertrag unklar, ob eine Pauschale in der Vorauszahlung gemeint ist, so geht das zu Lasten des Vermieters (LG Wiesbaden WM 1987, 274).
● Eine stillschweigende Vereinbarung, die daraus abgeleitet wird, daß der Mieter bislang nicht geschuldete Nebenkosten gezahlt hat, kann nicht bejaht werden, wenn der Mieter rechtsirrig meinte, diese Kosten zu schulden. Der Mieter muß den entsprechenden rechtsgeschäftlichen Willen haben (OLG Hamm WM 1981, 61).[1]

---

[1] *Anmerkung der Redaktion:* Dieses Urteil stellt nach Meinung des Autors sämtliche vertrags-, betriebs- und marktwirtschaftliche Grundsätze auf den Kopf! Es kann also ein Mieter jahrelang die Betriebskostennachzahlung geleistet haben und dies bedeutet dennoch keine Anerkennung der Abrechnung; er kann alles rückgängig machen, wenn er ,,rechtsirrig'' meinte, diese Kosten zu schulden. In der Wirtschaft angewandt, könnte jedes Vertragsgeschäft (bis zu vier Jahren — Verjährungszeit — rückwirkend) rückgängig gemacht werden, wenn der andere ,,rechtsirrig'' einen bestimmten Betrag gezahlt hat. — Die Rechtsprechung zu Betriebskostenabrechnungen ist überhaupt sehr unterschiedlich und oft in gleicher Sache völlig gegensätzlich. Dies liegt sicherlich unter anderem darin begründet, daß *kein* Richter *objektiv* entscheiden kann, denn jeder Richter ist (generell in Mietsachen) entweder Mieter oder Eigentümer und damit indirekt Partei.

- Eine Umlage von Wasser- und Abwasserkosten nach anteiliger Wohnfläche ist auch bei stark unterschiedlicher Belegung zulässig (AG Elmshorn DWW 1987, 332).

- Rechnet der Vermieter das Wassergeld nach Kopfteilen ab, so muß er im Streitfall darlegen, in welchem konkreten Monat wieviele Personen im Hause wohnten (AG Bad Iburg WM 1986, 234).

- Es ist so lange unzulässig, eine Abrechnung jedenfalls der verbrauchsabhängigen Nebenkosten für einen größeren Komplex (neun Häuser) zusammenzufassen, als vom Vermieter mit den einzelnen Abrechnungen nichts Unmögliches verlangt wird (LG Mainz DWW 1987, 17).

- Soweit technische Gründe nicht entgegenstehen, sind die Betriebskosten nach der kleinsten möglichen Einheit der Wirtschaftseinheit abzurechnen (AG Düsseldorf WM 1987, 429).

- Ist in der Abrechnung eine Position unrichtig, so bleibt die Abrechnung im übrigen wirksam (LG Hamburg DWW 1988, 147).

- Die Belege sind grundsätzlich am Sitz des Vermieters vorzulegen (AG Hannover WM 1987, 275; Korff ZMR 1986, 7), dagegen im allgemeinen nicht im Wohngebäude (so LG Hanau WM 1981, 102, WM 1985, 346).

- Der Mieter kann das Einsichtsrecht durch Dritte ausüben lassen (LG Hamburg WM 1985, 400; AG Hannover WM 1987, 275).

- Der Vermieter muß innerhalb eines Jahres nach Ablauf der Verbrauchsperiode, für die die Vorauszahlungen zu entrichten waren, abrechnen (OLG Hamburg DWW 1988, 379 = ZMR 1989, 18).

- Innerhalb angemessener Zeit nach Erstellung einer irrtümlich unrichtigen Betriebskostenabrechnung kann der Vermieter die Abrechnung berichtigen (irrig zu hohe Vorauszahlungen angesetzt; Korrektur nach zwei Monaten) (AG Kassel WM 1987, 428).

- Nach Erteilung der Heizkostenabrechnung und Auszahlung des Guthabens an den Mieter ist eine Neuberechnung der Kosten nebst Nachforderung nur möglich, wenn die erste Abrechnung ohne Verschulden des Vermieters oder infolge von Manipulationen seitens des Mieters falsch war (AG Göppingen DWW 1986, 320).

6. Die Wirtschaftlichkeitsberechnung und Kostenmiete

In Ziffer 4 „Höhe der Miete" (ab Seite 31) wurde behandelt, daß eine Miete in Höhe der ortsüblichen Miete verlangt werden darf, aber die Frage ist: Ist diese Miete für Ihre Wohnungen auch tatsächlich kostendeckend beziehungsweise gewinnbringend? Was „ortsüblich" ist, muß nun keineswegs für Ihren Wohnungsbestand die „richtige" Miete sein. Im freifinanzierten Wohnungsbau kann außerdem der Vermieter – als einzige Ausnahme – über die zulässige ortsübliche Miete hinausgehen, wenn er nachweist, daß er selbst höhere Kosten zu tragen hat, als durch die Miete gedeckt sind. Um dieser Sache auf den Grund zu gehen, muß die Miete anhand verschiedener Kosten berechnet werden. Dazu beziehen wir uns auf die Regelungen der II. Berechnungsverordnung.

Wirtschaftlichkeitsberechnung

Ausgangspunkt für die Wirtschaftlichkeitsberechnung im öffentlich geförderten Wohnungsbau ist die amtlich genehmigte Schlußabrechnung, in der die tatsächlichen Baukosten geprüft und die Endfinanzierung genehmigt ist. Diese genehmigte Schlußabrechnung wird nur noch verändert, wenn

- sich Zinsen verändern,
- sich die gesetzlich festgelegten Pauschalansätze für Abschreibung, Verwaltung, Instandhaltung oder Mietausfallwagnis durch neue Gesetzesvorschriften ändern,
- Umbauten oder Modernisierungsmaßnahmen vorgenommen werden (die im öffentlich geförderten Wohnungsbau ebenfalls einer Genehmigung der zuständigen Behörde bedürfen).

Beispiel: Struktur eines Finanzierungsplans für öffentlich geförderte
Wohnungen

Kreditart	Nominalbetrag in DM
I.a. Hypothek	72 000, –
I.b. Hypothek	23 500, –
Bundesdarlehen	28 000, –
Weiteres öffentliches Darlehen	93 000, –
Mieterdarlehen	27 135, –
Kommunales Darlehen	22 000, –
Eigenkapitel (bis 15 %)	48 518, –
Eigenkapital (über 15 %)	5 995, –
Gesamtaufwand	320 148, –

Die Struktur des Finanzierungsplanes bleibt auch dann unverändert,
auch wenn zum Beispiel dort aufgeführte Darlehen nicht mehr bestehen sollten, weil sie beispielsweise abgelöst beziehungsweise zurückgezahlt wurden.

I. Vermietung

Beispiel: Zinssätze

Kreditart	Nominalbetrag in DM	Zinssatz	Zinsen in DM
I.a. Hypothek	72 000, –	6,5 %	4 680, –
I.b. Hypothek	23 500, –	7,0 %	1 645, –
Bundesdarlehen	28 000, –	8,0 %	2 240, –
Weiteres öffentliches Darlehen	93 000, –	6,0 %	5 628, –
Mieterdarlehen	27 135, –	unverzinslich	
Kommunales Darlehen	22 000, –	0,5 %	110, –
Eigenkapital (bis 15 %)	48 518, –	4,0 %	1 941, –
Eigenkapitel (über 15 %)	5 995, –	6,5 %	390, –
Gesamtaufwand	320 148, –		16 634, –

Bei Veränderung der Zinssätze verändert sich die Miete um den entsprechenden DM-Betrag.

Die eigene kostendeckende Miete

In der Hauptsache wollen wir in diesem Handbuch nicht von der öffentlichen Förderung ausgehen, sondern davon, daß Sie als Vermieter für Ihre Wohnung(en) die kostendeckende Miete berechnen möchten. Hierbei besteht zum Beispiel folgende Ausgangssituation:

Kaufpreis	DM 700 000, –
+ Grunderwerbssteuer 2 %	DM 14 000, –
+ Notargebühren[1]	DM 5 000, –
+ Grundbuchgebühren[1]	DM 3 000, –

---

[1] Beträge sind geschätzt.

58

+ Makler-, Bankschätzgebühren usw.[1])	DM 25 000, –
Anschaffungskosten	DM 747 000, –

Diese Kosten wurden in der Regel finanziert, zum Beispiel:

I.a. Hypothek zu 400 000, – bei 6,5 % Zins und 1 % Tilgung
I.b. Hypothek zu 200 000, – bei 7,5 % Zins und 1 % Tilgung
II. Bauspardarl.   100 000, – bei 4,0 % Zins und 3 % Tilgung
Eigenkapital   47 000, – bei 4,0 % Zins und 0 % Tilgung

Eine Eigenkapitalverzinsung von 4 % ist im öffentlich geförderten Wohnungsbau der gesetzlich zulässige Zinssatz (bei einer Eigenkapitalquote bis 15 %), die sonst übliche Verzinsung liegt allerdings ebenfalls bei 4 % bis zu 6 %, die Tilgung wird durch die Abschreibung ausgeglichen.

Sind keine Anschaffungskosten bekannt, so ist von der aktuellen Belastung auszugehen.

Die Einzelheiten zu diesen Vorschriften sind, wie schon erwähnt, in der II. Berechnungsverordnung geregelt.

Berechnung der Kostenmiete

nach den Ansätzen für öffentlich geförderte Wohnungen
(vereinfachte Darstellung am Beispiel von zwei Wohnungen)

– Kapitalkosten (§§ 19 ff. II. Berechnungsverordnung)

Kreditart	Nominalbetrag	Zinssatz	Zinsen jährl./DM
I.a. Hypothek	400 000, –	6,5 %	26 000, –
I.b. Hypothek	200 000, –	7,5 %	15 000, –
II. Bauspardarl.	100 000, –	4,0 %	4 000, –
Eigenkapital	47 000, –	4,0 %	1 880, –
Summen	747 000, –		46 880, –

---

[1]) Beträge sind geschätzt.

I. Vermietung

- Zinsen aus der Finanzierung   DM 46 880, –
- Erbbauzinsen falls vorhanden,
  entsprechend einem Erbbaurechtsvertrag   DM   entfällt
- Abschreibungen (§ 25 II. Berechnungsverordnung)

Gesamtkosten	DM 747 000, –
./. Grundstückswert	DM 100 000, –
Baukosten für Abschreibung	DM 647 000, –

1 % aus den Baukosten (ohne Grundstück)   DM   6 470, –

+ Sonderabschreibungen   DM   1 020, –

Kostenart	Nominalkosten in DM	%	Betrag
Herde	5000, –	3	150, –
Zentralheizung	20 000, –	3	600, –
Kabelanschluß	3000, –	9	270, –

+ Verwaltungskosten (§ 26 II. Berechnungsverordnung)
  Pauschalbetrag pro Wohnung   DM   640, –
  zwei Wohnungen à DM 320, – /jährlich
+ Instandhaltungskosten (§ 28 II. Berechnungsverordnung)
  mit Berechnung von Zu- und Abschlägen
  zum Beispiel DM 7,85 pro m^2 x 180 m^2 DM   1 413, –
  Zwischensumme   DM 56 423, –

./. Zuschüsse   DM   keine

+ Mitausfallwagnis (2,04 % aus DM 56 423, –)   DM   1 151,03
./. verschiedene Erträge   DM   keine

Aufwendungen   DM 57 574,03

Bei einer angenommenen Gesamtwohnfläche von 180 m² ergibt sich folgende Miete pro m²:

DM 57 474,03 (Aufwendungen) : 180 m²: 12 Monate =
DM 26,66 (Miete/m²/mtl.)

Diese Miete ist die kostendeckende Miete (ohne Berücksichtigung von eventuellen Steuervorteilen). Nach einer solchen Berechnung sollte sich der Vermieter fragen: Ist diese Miete in dieser Lage langfristig erzielbar? – Mietrechtlich ist diese Kostenmiete die Grundmiete im Mietvertrag. In beiden Fällen, sowohl im freifinanzierten wie im öffentlich geförderten Wohnungsbau werden die Betriebskosten neben der Grundmiete als Vorauszahlung verlangt.

Praxis-Tips:

Die Kostenmieteberechnung hat mehrere praktische Bedeutungen.

● Auf relativ einfache Weise kann berechnet werden, ob die verlangte Miete kostendeckend ist. Von Rendite kann also erst gesprochen werden, wenn die verlangte Miete höher ist als die Kostendeckung.

● Reicht die ortsübliche Miete nicht zur Deckung Ihrer Kosten aus, können Sie anhand einer solchen Kostenmieteberechnung Ihre tatsächlichen Aufwendungen belegen und, im Geltungsbereich des Miethöhegesetzes, in rechtlich zulässiger Weise diese sich hier ergebende Miete verlangen, auch wenn sie wesentlich über der ortsüblichen Miete liegen sollte.

● Gegenüber dem Mieter kann eine Aufstellung der anfallenden Kosten, von denen der Mieter im Normalfall ja nichts sieht, sehr zum gegenseitigen Verständnis beitragen.

● Im öffentlich geförderten Wohnungsbau ist die Kostenmiete der Nachweis der rechtmäßig verlangten Miete.

Diese Miete ist die Netto-kalt-Miete, also zuzüglich Betriebs- und Heizkosten.

7. Vermietungsstrategien

Um eine Vorstellung von einem kompletten Vermietungsvorgang zu haben, sind die wichtigsten Schritte aus der Sicht einer Hausverwaltung in der nachfolgenden Checkliste angeführt:

Checkliste bei Mieterwechsel

A. Eingang einer Kündigung

☑ Überprüfung der Kündigungsfrist gemäß Mietvertrag

☑ Überprüfung der Renovierungspflicht des ausziehenden Mieters gemäß Mietvertrag

☑ Überprüfung der Wirksamkeit der Kündigung: Haben alle Vertragspartner unterzeichnet?

1. Im öffentlich geförderten Wohnungsbau:

☑ Kündigungsbestätigung an den Mieter (alle Vertragspartner) und Festlegung des Termins zur Wohnungsbesichtigung und -abnahme

☑ Freimeldung dieser Wohnung an das Amt für Wohnungswesen mit der Bitte, neue Mietinteressenten vorzuschlagen

2. Im freifinanzierten Wohnungsbau:

- Kündigungsbestätigung an den Mieter (alle Vertragsparteien)

- Festlegung der neuen Miete

- Festlegung des Termins zur Wohnungsbesichtigung und -abnahme

- Mietersuche, zum Beispiel durch
  - Vormerkungen
  - eigenem Vermietungsinserat
  - Maklerauftrag
  - Empfehlung eines Nachmieters durch den Mieter

B. Mieterauswahl bei Neuvermietung

- Persönliche Vorstellung des neuen Mietinteressenten

- Ausfüllen einer sogenannten Selbstauskunft beziehungsweise seiner Personaldaten

- Überprüfung dieser Daten durch den Vermietungssachbearbeiter, zum Beispiel
  - Rückfrage beim bisherigen Vermieter
  - Rückfrage beim Arbeitgeber
  - Auskunft bei einer Auskunftei

C. Ausstellen des neuen Mietvertrages

- Vertragsformular auswählen und Miete entsprechend Ziffer 2 festlegen

- Ausstellen eines Originalmietvertrages

- Unterzeichnung durch Mieter und Vermieter

63

☑ Fertigung einer Kopie für den Mieter

☑ Bezahlung der Kaution durch den Mieter (zwei Monatsmieten)

☑ Bezahlung der ersten Miete

D. Wohnungsabnahme und -übergabe

☑ Vereinbarung eines gemeinsamen Termines zur Abnahme und Übergabe

☑ Erstellung eines Abnahme- und Übergabeprotokolls mit sämtlichen Vereinbarungen

☑ Protokollunterschriften aller Beteiligten

E. Schlußmaßnahmen

☑ Mieterakten anlegen, EDV ändern

☑ Buchhaltung von der Neuvermietung verständigen, Mieten zu Soll stellen, Einzugsdatum für Betriebskostenabrechnung vermerken

☑ Kaution des neuen Mieters verwahren

☑ Kaution des ausgezogenen Mieters abrechnen

☑ Hausmeister vom Mieterwechsel informieren

☑ Nicht zum Zuge gekommenen Interessenten abschreiben

Festlegung der neuen Miete

Zunächst braucht jeder Vermieter für jedes seiner Objekte die Kenntnis darüber, welche Miete, die er selbst zur Deckung seiner laufenden Aufwendungen benötigt, sich ergibt. Diese Information wird durch Erstellung einer Wirtschaftlichkeitsberechnung (siehe Seiten 56 ff.) erreicht.

Als Beispiel nehmen wir an, es ergäbe sich eine Miete von DM 12, – pro m²/monatlich.

Um die Vermietungsmiete endgültig festzulegen, kommt es darauf an, welche Strategie der Vermieter verfolgt.

Erste Strategie: Ordentliche Mieter, „normale" Miete

Viele Vermieter legen nicht so sehr Wert auf eine höchstmögliche Miete, sondern ihnen kommt es darauf an, eine geringfügig über der Kostendeckung liegende Miete zu erzielen und „ordentliche Mieter" zu haben. Ordentlich bedeutet: Berufsausbildung, Beruf und adäquates Einkommen, harmonische partnerschaftliche Beziehungen innerhalb der Mieterfamilie und zu den anderen Mietern im Hause.

Dieser Vermieter möchte eine Miete, die für diesen Mieterkreis tragbar ist, also aus dem (normalen) Einkommen des Mieters bezahlt werden kann. Ansonsten möchte dieser Vermieter „seine Ruhe" haben.

In diesem Fall wird unsere Wohnung zum Preis von zum Beispiel DM 13, – pro m²/monatlich vermietet, sofern diese Miete nicht wesentlich über der ortsüblichen Miete liegt.

Zweite Strategie: Höchstmögliche Rendite

Vorgehensweise: Zunächst wird ebenfalls eine Wirtschaftlichkeitsberechnung unter Berücksichtigung der gewünschten Verzinsung berechnet. Es ergibt sich eine Miete von beispielsweise gleichfalls DM 12, – pro m²/monatlich.

In diesem Fall wird nun verglichen: Wie liegt diese Miete von DM 12, – im Verhältnis zum derzeitigen Wohnungsmarkt?

„Markt" bedeutet in der sozialen Marktwirtschaft: Angebot und Nachfrage bestimmen den Preis. Somit wird diese Wohnung zunächst auf den Markt gebracht, zum Beispiel über einen Makler oder über eigene Vermietungsanzeigen. Es gilt, entsprechend der Strategie, die „höchstmöglichste" Miete und einen entsprechenden Mieter herauszufinden.

Liegt kein Mietspiegel vor, ist die „ortsübliche Miete" diejenige Miete, die ein Mieter bereit ist zu bezahlen.

Über Preisangebote wird zunächst versucht, diese Miete, die natürlich über DM 12, – pro m^2 liegen soll, „auszuloten", bis wir eine Konstellation gefunden haben, in der Miete und Mieter zusammenpassen.

Bei sehr hohen Mieten muß man sich darüber im Klaren sein, daß meist eine sehr hohe Fluktuation herrscht, das heißt sehr häufig Mieterwechsel anstehen und auch die Mietausfallquote, oftmals mit anwaltschaftlichen Maßnahmen verbunden, sehr hoch sein kann.

8. Auftrag an einen Makler

Die Vermietung einer Wohnung kann eine sehr stressige Angelegenheit sein. Vielfach wird deshalb von Vermietern die Vermietung einer Wohnung einem Makler übertragen. Und beide sind nach der Vermietung noch mehr gestreßt als vorher, weil einige wichtige Punkte nicht oder nicht richtig beachtet wurden.

Maklerauftrag aus der Sicht des Vermieters

Der Vermieter sollte dem Makler in einem persönlichen Gespräch seine Vermietungsstrategie ausführlich erläutern und den als Mieter in Frage kommenden Personenkreis möglichst konkret beschreiben.

Beispiele:
Für diese Wohnung stelle ich mir einen Facharbeiter, verheiratet mit Kind und einem Einkommen um DM 3000, – /monatlich vor.

oder:

In dieser Wohnanlage wohnen überwiegend Arbeiterfamilien mit ein oder zwei Kindern sowie ältere, alleinstehende Mieter von früher. Ich stelle mir als Nachmieter ebenfalls eine Arbeiterfamilie mit mindestens einem Kind vor.

oder:

In diesem Haus wohnen überwiegend Angestellte des mittleren Managements. Ich stelle mir deshalb eine Familie auf gleichem Niveau vor.

oder:

In diesem Appartmenthaus wohnen überwiegend berufstätige Singles oder Studenten. Der neue Mieter sollte ebenfalls ein Single sein.

Der beschriebene neue Mieter ist die ,,Zielgruppe". Mit dem Makler müssen dann noch folgende Punkte geklärt werden:

- Neue Miete, wie unter ,,Vermietungsstrategien" auf den Seiten 62 ff. besprochen,
- Besichtigungsmöglichkeit,
- Bezugstermin der Wohnung,
- Kautionshöhe (maximal drei Monatsnettomieten),
- Wird Tierhaltung toleriert?
- Welche Besonderheiten bestehen?

Das Gespräch endet mit einem Maklerauftrag.

Vermietungsauftrag aus Sicht des Maklers

Falsch ist, wenn der Makler aufgrund eines Vermietungsauftrags ein allgemeines Inserat in die Zeitung setzt und es ,,irre" findet, daß ununterbrochen das Telefon läutet aufgrund großer Nachfrage nach dieser Wohnung.

Der Makler soll eine Dienstleistung, nämlich ,,Auswahl" eines Mieters erbringen und im Vorgespräch wurde die Zielgruppe konkret beschrieben. Seine Leistung besteht sowohl für den in Frage kommenden Mieter als auch für den Auftraggeber (Vermieter) darin, aus der Vielzahl der sozialen Schichtung und Möglichkeiten, den ,,richtigen" Mieter auszuwählen.

Die Durchführung nach dem ersten Absatz wurde als falsch bezeichnet, weil nur ein kleiner Prozentsatz der Anrufenden tatsächlich in Frage kommt, diese dies natürlich nicht wissen, so daß sich bei den Anrufern nur Unmut (und ein schlechtes Image für den Makler) verbreitet, wenn sie erfahren, daß sie für die Wohnung nicht in Frage kommen.

Vielfach macht es sich der Makler noch leichter, indem er alle möglichen Interessenten zum Vermieter verweist. Nun hat der Vermieter die (unnötige) Arbeit dem Hauptteil der Mietinteressenten abzusagen, denn die Wohnung kann nur einmal vermietet werden. Der tatsächliche Mieter wiederum soll dafür, daß er nur flüchtigen Kontakt mit einem Makler hatte, drei Monatsmieten Provision bezahlen und empfindet dies als ungerechtfertigt. Somit entsteht Frust auf allen drei Seiten.

Sofern sich der Makler als echter ,,Erbringer einer Dienstleistung'' versteht und Dienstleistungsmarketing anwendet, wäre die Vermietung anders anzugehen, denn ,,Marketing'' bedeutet, die ,,Welt mit den Augen des Kunden'' zu sehen. Anders gesagt: Der Kunde ist König. Und der Kunde hat im Eingangsgespräch seine Wünsche dargelegt. Es liegt nun am Makler, diese Wünsche umzusetzen.

Richtig für den Makler wäre deshalb, das Inserat so zu gestalten, daß für den Mietinteressenten die Zielgruppe erkennbar ist. Falls eine Kartei geführt wird, sollte sie nicht nach gesuchten Wohnungsgrößen, sondern vorrangig nach Zielgruppen angelegt werden.

Zwar läutet das Telefon jetzt wesentlich weniger oft beim Makler, dafür aber ist die Wahrscheinlichkeit der richtigen Zielgruppe wesentlich höher. Anders gesagt: Der Makler hat nun viel mehr Zeit, sich mit dem Mietinteressenten und der zu vermietenden Wohnung zu beschäftigen und der Mietinteressent erkennt, daß sich der Makler tatsächlich um ihn bemüht.

In Einzelgesprächen hat nun der Makler (oder auch die Vermietungsabteilung) aus der Vielzahl der Möglichkeiten die Wunschkandidaten des Vermieters herauszufiltern.

Gibt es keinen solchen oder ist überhaupt die Nachfrage nach dieser Wohnung (aufgrund verschiedenster Umstände) gering, ist es Aufgabe des Maklers, durch laufende Rückkopplung mit dem Vermieter die veränderte Situation zu besprechen und Zielgruppe und ggf. Miete entsprechend den veränderten Bedingungen anzupassen.

Es bleiben nur einige wenige, die in die engste Wahl kommen. Wie wählen wir nun den „richtigen" Mieter aus?

9. Auswahl des Mieters

Aufgrund einer frei werdenden Wohnung melden sich bei einem Vermieter beziehungsweise bei der Verwaltung die verschiedensten Menschentypen und möchten eine Wohnung mieten. Die Beweggründe sind sehr unterschiedlich, zum Beispiel: Heirat, zusammenziehen, Wohnung zu klein, mehr Komfort (Zentralheizung), Wohnung zu hoch gelegen (Treppen steigen), Wohnung zu kalt (Erdgeschoß), Versetzung in eine andere Stadt, Studium usw.

Nach dem Mietrecht hat kein Wohnungssuchender ein Recht darauf, als Mieter angenommen zu werden. Der Vermieter wählt den ihm geeignet erscheinenden Mieter aus.

Nach welchen Kriterien wählen wir einen Mieter aus, das heißt warum soll dieser Mieter und kein anderer die Wohnung erhalten?

Für den Vermieter steht an erster Stelle die Antwort auf die Frage: Wer paßt am besten in dieses Haus? Paß *dieser* Interessent als Mieter in *dieses* Haus?

Der Vermieter hat nicht nur eine soziale Verantwortung gegenüber dem Wohnungssuchenden, sondern auch gegenüber seinen derzeitigen Mietern in der Weise, daß durch den neuen Mieter der Hausfriede nicht (jedenfalls nicht unzumutbar) gestört wird. Dabei ist die soziale Schicht (Arbeit/Berufe, Alter und Familienstand) der Mieter dieses betreffenden Hauses von entscheidender Bedeutung.

Ablauf in der Mieterauswahl

Wir gehen davon aus, daß von mehreren Bewerbern zwei oder drei in die engere Wahl kommen. Von diesen gilt es nun, den ,,richtigen'' Mieter auszuwählen. Wie geht nun ein Profi-Vermieter bei der Mieterauswahl vor?

Erster Schritt ist die persönliche Vorstellung des Mietinteressenten (siehe Checkliste auf Seite 63, Punkt B). Durch die Vorstellung will sich der Vermieter einen persönlichen Eindruck verschaffen. Diese Vorstellung wird verbunden mit dem Ausfüllen einer sogenannten „Selbstauskunft" beziehungsweise eines Personalienbogens mit persönlichen Angaben wie Name, Vorname und Geburtsdatum aller Personen, die in die Wohnung einziehen wollen, Staatsangehörigkeit, Angaben zum Beruf und zum Einkommen, bisherige Adresse usw. Ein Original eines Selbstauskunftsformulars finden Sie auf den Seiten 74 und 75.

Intime Fragen sind nicht erlaubt: Die Selbstauskunft dient nicht dazu, die Neugier zu befriedigen, sondern sie ist die Basis für den abzuschließenden Mietvertrag. Selbstverständlich wird diese Selbstauskunft überprüft. Profi-Vermieter holen vielfach Auskünfte von Auskunfteien ein und lassen sich Verdienstbescheinigungen vorlegen. Die Intensität der Überprüfung liegt beim Vermieter.

Der Mieter ist rechtlich nicht verpflichtet, diesen Fragebogen auszufüllen – nur: Er soll ja unser Vertragspartner werden und Verträge schließt man allgemein nicht mit unbekannten Personen. Man erwartet deshalb und das ist allgemein üblich, daß ein künftiger Vertragspartner Auskunft über sich gibt. Dabei steht die Prüfung, ob der Mieter aufgrund seines Einkommens in der Lage ist, diese Miete zu bezahlen, im Vordergrund.

Ist er aufgrund seines Einkommens voraussichtlich nicht in der Lage, die Miete zu bezahlen, verursacht das Anmieten der Wohnung nur Ärger und Kosten auf beiden Seiten. In sozialen Belangen kann eventuell vorher über das Sozialamt die Frage der Mietezahlung geklärt werden.

Die persönlichen Daten, außer dem Namen, werden üblicherweise nicht per EDV gespeichert, sondern die Selbstauskunft wird mit dem Mietvertrag abgeheftet. Selbstauskünfte nicht zum Zuge gekommener Bewerber werden zurückgegeben oder vernichtet.

Erscheinen die gemachten Angaben nicht vertrauensvoll, sind Rück-fragen bei den angegebenen Stellen üblich (zum Beispiel beim Arbeit-geber) und auch Auskünfte bei Auskunfteien denkbar, jedoch nicht zwangsläufig ausschlaggebend. Maßgeblich sollte der Gesamteindruck des Verhaltens sein: ,,Paßt dieser Mieter in dieses Haus?''

Zur Mieterauswahl gehört deshalb auch, daß der/die damit Beschäf-tigte über eine ,,gute Portion Menschenkenntnis'' verfügt und die Mie-terschichtung des jeweils anstehenden Wohnhauses kennt.

Bei größeren Wohnungsbeständen ist es unabdingbar, daß sich der Vermietungsbearbeiter ausführlich mit der Mieterschicht befaßt. Ein psychologisches oder soziologisches Studium ist jedoch nicht erfor-derlich.

Welche Kriterien sind nun entscheidend für ,,den'' Mieter? – Die wichtigsten Fragen sind:

Paßt dieser Mieter in dieses Haus?

Die Betonung liegt auf ,,dieser Mieter'' in ,,dieses'' Haus. Man denke an das ,,Netz zwischenmenschlicher Beziehungen'' (siehe Seite 17) und den anfälligen Störungen. Ferner hat der Vermieter eine gewisse so-ziale Verantwortung gegenüber den im Haus wohnenden Mietern da-hingehend, alles zu tun, um diesen das weiterhin möglichst ungestörte Wohnen zu ermöglichen. Dazu gehört eine sorgfältige Mieterauswahl.

Hat der Mieter ein ausreichendes Einkommen?

Diese Prüfung hat eine beiderseitige Schutzfunktion. Der Vermieter möchte sicher gehen, daß die Miete auch bezahlt werden kann, aber auch dem Mieter wäre es nicht gedient, wenn er eine Wohnung an-mieten würde, die er sich aufgrund seiner Einkommenssituation nicht leisten kann. Vor allem junge Leute unterschätzen manchmal den fi-nanziellen Aufwand, den ein eigener Haushalt erfordert.

Dieser Einkommensnachweis bedeutet nicht, daß jeder ein ,,Millio-när'' sein muß, um eine Wohnung zu erhalten, jedoch ein gewisses Einkommen ist unumgänglich, um sich eine Wohnung leisten zu kön-

Selbstauskunft

Hausverwalter

I. Angaben

Mietinteressent	Ehegatte/Mitmieter
Name	Name
Vorname	Vorname
Geburtsdatum	Geburtsdatum
Beruf	Beruf
Bank/Postscheckamt	Bank/Postscheckamt
Konto-Nr. Bankleitzahl	Konto-Nr. Bankleitzahl
Arbeitgeber	Arbeitgeber
selbständig [ ]	selbständig [ ]

Gesamteinkommen
einschl. Kindergeld, Beihilfen usw.
wöchentlich [ ]
monatlich [ ]   DM ....
jährlich [ ]

Gesamteinkommen
einschl. Kindergeld, Beihilfen usw.
wöchentlich [ ]
monatlich [ ]   DM ....
jährlich [ ]

Referenzen

....

zum Haushalt gehörende Kinder, sonst. Angehörige, Haushaltshilfen usw.:

Name	Vorname	Verwandtschaftsverhältnis, bzw. Stellung im Haushalt	Geburtsdatum
....	....	....	....
....	....	....	....

besondere, für das Mietverhältnis wichtige Angaben - z. B.
Haustiere, Spielen von Musikinstrumenten, ansteckende Krankheiten

....

Der Mietinteressent hat sich ausgewiesen durch Personalausweis/Reisepaß Nr.:

....

II. Versicherung

Der Mietinteressent, sein Ehegatte bzw. Mitmieter, versichern, daß sie die vorstehenden Angaben wahrheitsgemäß gemacht haben und daß in den letzten 5 Jahren weder ein Konkurs- oder Vergleichsverfahren über ihr Vermögen eröffnet - bzw. die Eröffnung des Konkursverfahrens mangels Masse abgewiesen - noch eine eidesstattliche Versicherung über ihre Vermögensverhältnisse abgegeben wurde oder Haftbefehl zur Erzwingung einer solchen Versicherung ergangen ist oder entsprechende Verfahren derzeit anhängig sind.

....
Datum   Mietinteressent   Ehegatte/Mitmieter

nen. Ist kein ausreichendes Einkommen vorhanden, kann auf diese Weise schon im Vorfeld geklärt werden, ob zum Beispiel durch Wohngeldzahlung ein Ausgleich erfolgt oder ob zum Beispiel das Sozialamt die Miete übernimmt. Es ist auch für den Mieter einfacher, diese Fragen schon vorher zu klären.

Praxis-Tip:

In den USA ist es üblich, daß der Mietinteressent zusätzlich zur obigen Selbstauskunft eine „Vermögensrechnung" erstellt, das heißt seine kompletten Einkünfte und, diesen gegenübergestellt, seine kompletten Haushaltsausgaben wie Telefon, Autokosten, zu zahlende Versicherungsprämien usw. angibt und dann muß noch ein Betrag verbleiben als Nachweis, daß die Mietezahlung gewährleistet ist.

Welche Dringlichkeit und sozialen Gründe des Mieters bestehen?

Ein dritter wichtiger Punkt sind letztlich die persönlichen Umstände des Mieters wie Größe der Familie (im Verhältnis zur Wohnungsgröße) einschließlich Haustiere, persönliche Gründe für eine neue Wohnung usw.

Aus diesen Punkten wird nun derjenige Mieter ausgewählt, mit dem der Mietvertrag abgeschlossen werden soll.

Mieterauswahl im öffentlich geförderten Wohnungsbau

Für Sozialwohnungen sowohl in den Alt- wie auch in den neuen Bundesländern nimmt das Amt für Wohnungswesen Vormerkungen vor und stuft Wohnungssuchende ein nach:

- Dringlichkeit
- Soziale Gründe
- Einkommen

Aufgrund des Belegungsrechts werden im öffentlich geförderten Wohnungsbau mindestens drei Mietinteressenten vom Amt für Wohnungswesen dem Vermieter vorgeschlagen. Jeder Vermieter im öffentlich geförderten Wohnungsbau ist gut beraten, nun seinerseits eine Prüfung nach den drei oben genannten Punkten vorzunehmen, insbesondere zu der Frage: ,,Paßt dieser Mieter in dieses Haus?'' – Außer dem Umstand, daß zwangsläufig bei Sozialwohnungen das Einkommen niedriger liegt und deshalb Wohngeldfragen beziehungsweise Übernahme der Miete durch das Sozialamt im Vorfeld zu klären sind und deshalb ein höherer Arbeitsaufwand anfällt, ist ansonsten die Mieterauswahl nach den obigen Punkten vorzunehmen.

10. Abschluß eines Mietvertrages

Die vertragliche Grundlage zwischen Mieter und Vermieter bildet der Mietvertrag. Dieser Vertrag ist ein individuelles Gebilde mit diesem einen Mieter. Mit einem anderen Mieter kann dieses Vertragsverhältnis durchaus anders aussehen, das heißt nicht jeder Mietvertrag in einem Haus muß gleich dem anderen sein. Ein ,,Solidaritätsprinzip'', daß der Vermieter verpflichtet wäre, mit jedem Mieter einen gleichen Mietvertrag abzuschließen, besteht nicht. Und zwar unter dem Gesichtspunkt, daß jedes Mietverhältnis ein individuelles Vertragsverhältnis ist, das, außer bei Neubezug, zu unterschiedlichen Zeiten – veranlaßt durch Mieterwechsel – abgeschlossen wird.

Der Mietvertrag ist deshalb rechtlich eine *Urkunde*, die dieses Rechtsverhältnis dokumentiert.

Zu einer Urkunde gehört, daß sie komplett abgefaßt ist, also alle Absprachen enthält oder, wenn solche später getroffen werden, diese der Urkunde beigeheftet werden.

Die Bedeutung sieht der Gesetzgeber vor allem im Eigentümerwechsel, wenn also ein Haus verkauft wird, tritt der Käufer kraft Gesetzes in alle Rechte und Pflichten ein (§ 571 Bürgerliches Gesetzbuch) und deshalb muß er natürlich wissen, welche Absprachen im bisherigen Mietverhältnis getroffen wurden, um diese weiterzuführen:

§ 571 Bürgerliches Gesetzbuch (Kauf bricht nicht Miete)

(1) Wird das vermietete Grundstück nach der Überlassung an den Mieter von dem Vermieter an einen Dritten veräußert, so tritt der Erwerber an Stelle des Vermieters in die sich während der Dauer seines Eigentums aus dem Mietverhältnis ergebenden Rechte und Verpflichtungen ein . . .

Der Mietvertrag ist aus diesen Gründen nicht als ,,lästiges Formular'', sondern als ein *individuelles* Vertragswerk anzusehen.

Praxis-Tip:

Der Mietvertrag ist sorgfältig zu erstellen und von beiden Parteien genau durchzusehen. Fehler, die beim Ausstellen passieren, können nur im *beiderseitigen Einvernehmen* geändert werden! Ansonsten bleibt dieser Fehler so lange bestehen, als auch das Mietverhältnis besteht, bei Wohnraum können dies 50 Jahre und mehr sein.

In einer langen Mietzeit kann unter Umständen der Vermieter öfter wechseln, dennoch bleibt der ursprüngliche Mietvertrag kraft Gesetzes weiter bestehen. Der neue Eigentümer und Vermieter zeigt nur dem Mieter an, daß er das Anwesen erworben hat und künftig der Empfänger der Miete ist. Der Mieter zahlt nun die Miete an den neuen Vermieter, mehr ist für ihn nicht zu tun.

Zu einem Mietvertrag gehören immer zwei Vertragsparteien: Vermieter und Mieter

Vermieter ist in der Regel der im Grundbuch eingetragene Eigentümer (ggf. vertreten durch eine Verwaltung), die grundbuchamtliche Stellung ist jedoch für die Vermietung nicht Bedingung. Ebenso muß die zu vermietende Einheit noch nicht bestehen und es kann dennoch bereits ein Mietvertrag abgeschlossen werden. Neubauten werden zum Beispiel schon vor Fertigstellung vermietet. Nur wer leichtfertig einen Mietvertrag abschließt, haftet für eventuelle Nachteile, die der Mieter im Vertrauen auf den Mietvertrag erleidet.

Die weitere Partei des Mietvertrages ist der Mieter. Aber, wer ist – im rechtlichen Sinne – der Mieter, zum Beispiel bei einem Ehepaar, bei Nichtverheirateten, bei Verwandten (zum Beispiel Mutter und Tochter), bei einer Firma? Besteht ,,der Mieter'' aus mehreren Personen, haften alle Beteiligten als eine Person, als ein Mieter?

Form des Mietvertrages

Nach § 566 Bürgerliches Gesetzbuch muß ein Mietvertrag über ein Grundstück, der für längere Zeit als ein Jahr geschlossen wird, schriftlich abgeschlossen werden. Die Notwendigkeit der Schriftform ergibt sich auch für die Untermiet- und Unterpachtverträge.

Bei einem gemischten Vertrag, in dem auch andere Vereinbarungen, die zum Beispiel werk- oder arbeitsrechtlicher Natur sein können, getroffen wurden, bedarf nur der Mietvertrag der Schriftform. In diesen Fällen sollten jedoch besser zwei Verträge, nämlich ein Mietvertrag und ein gesonderter Arbeits- beziehungsweise Werkvertrag (zum Beispiel bei einem Hausmeister) abgeschlossen werden, um klare Rechtverhältnisse zu haben.

Haben die Parteien die Schriftform vergessen, obwohl sie dies ausdrücklich zum Gegenstand und zur Bedingung für den Abschluß des Mietvertrages gemacht haben, so gilt nicht ein Mietvertrag auf unbestimmte Zeit geschlossen. Auch nachträgliche Vereinbarungen zu Mietverträgen, die länger als ein Jahr abgeschlossen worden sind, müssen schriftlich erfolgen.

,,Vergessene" Mietverträge sollten deshalb schnellstmöglichst nachgeholt werden.

Folgendes Beispiel zeigt Ihnen einen typischen Mietvertrag (ab Seite 81) mit ausführlichen Erläuterungen der Punkte, die beim Ausstellen eines Mietvertrages besonders zu beachten sind.

Beispiel:
Vermieter: Privatperson, zum Beispiel Herr Hans Schneller

Mieter: Peter Schulze und Angelika Meier (nicht verheiratet)

Vermietet wird eine 3-Zimmer-Wohnung in der Konrad-Adenauer-Allee 88 in der Musterstadt, 3. Obergeschoß rechts mit 69,55 m².

Typischer Mietvertrag

für Wohnraum - Mietverhältnisse

Zwischen _____

in _____
_____ als Vermieter ①

vertreten
durch _____

und _____

sowie _____
als Mieter ②
(beide) zur Zeit wohnhaft

in _____

- zur Mietpartei gehören bei Vertragsabschluß _____ Personen
wird folgender Vertrag geschlossen:

§ 1 Mieträume

1. Vermietet werden im Anwesen:

_____

(Ort, Straße, Haus-Nr.)

folgende Räume im Vorderhaus/
Rückgebäude ③

Lage: _____ Zimmer/Küche/Flur/Bad/Dusche/
Toilette/Abstellraum mit insgesamt _____qm
Wohnfläche zuzüglich Keller-Nr. _____ und
Boden/Bodenanteil, Nr. _____ ④

2. Der Mieter ist berechtigt, Wasch- und
Trockenraum (soweit vorhanden) gemäß der
Hausordnung mitzubenutzen. ⑤

3. Dem Mieter werden vom Vermieter für die
Dauer des Mietverhältnisses folgende
Schlüssel ausgehändigt:

_____ Haustür-, _____ Wohnungstür-, _____ Zimmer-
tür, _____ Briefkasten-, _____ Keller-,
_____ Bodenschlüssel ⑥

Erläuterungen der Punkte ① bis ⑥:

① Vermieter: Name, Vorname, Adresse

Als Gesellschaft: vollständiger Firmenname gemäß Handelsregister
(GmbH, AG usw.) und Vertretungsberechtigte gemäß Handelsrecht,
zum Beispiel ,,GmbH'' vertreten durch den Geschäftsführer Peter
Hoffmann, oder ,,AG'' vertreten durch den Vorstand.

oder:

Vermieter: Name, Vorname, Adresse, vertreten durch die Hausver-
waltungs- und Immobilien-GmbH, vertreten durch den Geschäftsführer Werner Schneider.

② Mieter

Die Mieter-Vertragspartner (Volljährige) werden grundsätzlich mit vol-
lem Namen und Vornamen aufgeführt. Kinder scheinen unter ,,Per-

sonen" oder im Personalienblatt beziehungsweise in der Selbstauskunft (siehe ,,Auswahl des Mieters" auf Seite 71).

Die aufgeführten Personen müssen auch den Mietvertrag unterschreiben. Diese Personen sind unsere ,,Mietpartei" im Sinne des Gesetzes. Dies ist besonders wichtig in Hinblick auf spätere Themen wie:
Untermieter, Überlassung der Wohnung an Dritte usw.

③ Beschreibung der Wohnung

Beschreiben Sie die Wohnung so, daß sie auch ein Fremder (zum Beispiel der Gerichtsvollzieher bei Zwangsmaßnahmen) problemlos finden und identifizieren kann.

④ Boden- und Kellerabteil

Mitvermietet werden, sofern vorhanden, ein Keller- und Bodenabteil.
Vor m^2 Wohnfläche sollte stets das Wort ,,circa", also ca. 69,55 m^2
stehen. Damit wird klar gestellt, daß auch im Fall, daß die Wohnung
nur 69,54 m^2 (oder ein geringfügig anderes Maß) hätte, sich an der
Miete und anderen Umständen nichts ändert.

⑤ Gemeinschaftsräume

Bei den Gemeinschaftsräumen wie Waschküche und Fahrradraum ist
darauf zu achten, ob sie auch tatsächlich in dieser Form dem Mieter
zur Verfügung stehen. Gartenanteile, zusätzliche Nebenräume usw.
sollten nicht per Mietvertrag mitvermietet, sondern die Benützung in
,,stets widerruflicher Weise" genehmigt werden. Sind sie per Mietvertrag mitvermietet, steht dies unverrückbar fest und damit sind eventuelle spätere Veränderungen ohne ausdrückliche Zustimmung des
Mieters nicht möglich.

Eine Garage sollte extra per gesondertem Garagenmietvertrag vermietet werden. Ist per Wohnungsmietvertrag eine Garage mitvermietet,
gilt bezüglich der Garagenmiete das Wohnraummietrecht. Besteht ein
eigener Garagenmietvertrag, gilt für die Garage das Vertragsrecht (wie
gewerbliches Mietrecht).

⑥ Schlüssel

Die aufgeführten, übergebenen Schlüssel muß der Mieter bei Vertragsende wieder zurückgeben.

Bei zentralen Sicherheitsschließanlagen sollte der Mieter darauf hin-
gewiesen werden, daß er bei Verlust eines Schlüssels einen neuen nur
über den Sicherungsschein, der beim Vermieter liegt, auf eigene Kosten anfertigen lassen kann und bei Auszug die vollständigen Schlüssel vorliegen müssen. Ist das nicht der Fall, muß der Mieter für ein
neues Schloß mit entsprechenden Schlüsseln aufkommen. Die Schlüssel dürfen stets nur nach Vertragsabschluß übergeben werden.

Fortsetzung des Mietvertrages:

4. Schlüssel, die der Mieter auf seine Kosten zusätzlich anfertigen läßt, sind nach
Beendigung der Mietzeit gegen Erstattung
der Kosten für die Anfertigung an den Vermieter abzugeben. Andernfalls ist ihre Ver-
nichtung nachzuweisen. Die Anfertigung von
zusätzlichen Schlüsseln zu gemeinschaftlichen genutzten Räumen durch den Mieter
ist nicht gestattet.

5. Der Vermieter haftet nur für die nicht
rechtzeitige Freistellung der vermieteten
Räume durch den bisherigen Mieter, wenn der
dadurch dem Mieter entstehende Schaden auf
grobfahrlässigen oder vorsätzlichen Ver-
tragsverletzungen des Vermieters beruht.
Gegenseitige Rechte zur Beendigung des
Mietverhältnisses bleiben davon unberührt.

§ 2 Mietzeit
(Zutreffendes ist angekreuzt.)

Mietverhältnis auf **unbestimmte** Dauer:

◯ Das Mietverhältnis beginnt am/voraus-
sichtlich am _____ 19____ /hat begonnen am
_____ 19____ und läuft auf unbestimmte
Dauer.

Mietverhältnis auf **bestimmte** Dauer:

◯ Das Mitverhältnis wird auf die Dauer von
_____ Jahren, also bis _____ abgeschlossen.

Praxis-Tips:

● Gewerbe-Mietverhältnisse werden in der Regel auf eine feste
Laufzeit abgeschlossen.
● Wohnraum-Mietverträge sollten in der Regel auf unbestimmte
Zeit abgeschlossen werden, es sei denn, es besteht eine tatsäch-
liche Ausnahme!

Mietverhältnis auf **bestimmte** Dauer **aus bestimmten Gründen:**

◯ Das Mietverhältnis wird auf die Dauer von
____ (höchstens 5 Jahre), also bis _____
abgeschlossen.

Nach Ablauf der Vertragsdauer besitzt der
Vermieter ein berechtigtes Interesse an der
Beendigung des Mietverhältnisses. Als be-
rechtigtes Interesse wird geltend gemacht:

oder

Eine Verlängerung des Mietverhältnisses ist ausgeschlossen, wenn der Vermieter dem Mieter drei Monate vor Ablauf der Mietzeit schriftlich mitteilt, daß diese Verwendungsabsicht noch besteht.

Praxis-Tips:

● Hier muß jetzt ein tatsächliches Interesse eingetragen werden (zum Beispiel Eigenbedarf in drei Jahren wegen . . .) und dieser Grund muß dann auch tatsächlich nach Ablauf von 3 Jahren eintreten.

● Die in privaten Vermieterkreisen vielfach übliche Befristung ohne tatsächlichen, ernsthaften Hintergrund ist mietrechtlich bedeutungslos, das heißt das Mietverhältnis geht nach Zeitablauf in ein solches auf ,,unbestimmte Dauer'' über. Sehen Sie hierzu Kapitel III ,,Beendigung eines Mietverhältnisses'' (ab Seite 159).

§ 3 Miete, Betriebskosten, Nebenkosten

1. Die Grundmiete beträgt monatlich   DM _____

zuzüglich Heizkostenvorauszahlung   DM _____

Neben der Grundmiete trägt der Mieter sämtliche umlagefähigen Betriebskosten gemäß Anlage 1[1] Vorauszahlung   DM _____

Monatliche Gesamtmiete   DM

---

[1] Die Betriebskostenaufstellung (siehe Seite 42 ff.) ist dem Vertrag beizufügen.

2. Für den Umfang der Betriebskosten gelten die bestehenden gesetzlichen Bestimmungen, insbesondere Anlage 3 zu § 27 II. Berechnungsverordnung und ergänzend die Heizkostenverordnung – in den jeweils gültigen Fassungen.

3. Der Mietpreis ist spätestens am dritten Werktag eines Monats an den Vermieter oder an die von ihm zur Entgegennahme ermächtigte Person oder bezeichnete Stelle (Bankkonto) _____
kostenfrei im voraus zu zahlen. Die Betriebskosten sind zugleich mit dem Mietzins zu entrichten. Dies gilt auch für den Fall, daß Nutzungsentschädigung geduldet ist.

Für die Rechtzeitigkeit der Zahlung kommt es nicht auf die Absendung, sondern auf den Eingang des Geldes an, es sei denn, den Mieter trifft am verspäteten Eingang kein Verschulden.

Bei späterer Zahlung ist der Vermieter berechtigt, neben Verzugszinsen auch Mahnkosten in Höhe von DM _____ je Mahnung zu erheben

4. Die Betriebskostenvorauszahlung wird jährlich einmal nach Ablauf des Abrechnungszeitraumes abgerechnet. Der Mieter ist berechtigt, in angemessener Zeit nach Zugang der Abrechnung die Unterlagen einzusehen. Eine etwaige Differenz aufgrund der Abrechnung zugunsten des Vermieters (Mieters) hat der Mieter (Vermieter) innerhalb von einem Monat nach Zugang der Abrechnung an den Vermieter (Mieter) zu zahlen. Endet

der Mietvertrag während einer Abrechnungsperiode, so wird der Mieter zeitanteilig
und - wenn möglich - verbrauchsanteilig mit
Betriebskosten belastet.

Die Bestimmung des Verteilerschlüssels bei
der Umlage der Betriebskosten steht im bil-
ligen Ermessen des Vermieters, soweit der
Verteilerschlüssel nicht vertraglich oder
gesetzlich bestimmt ist. Bei einer Veränderung der Sachlage ist der Vermieter berechtigt, den festgelegten Verteilerschlüssel
an die neuen Verhältnisse anzupassen.

Der Vermieter ist berechtigt, eine Erhöhung
der Vorauszahlungen unter Zugrundelegung
der Abrechnungsergebnisse des vorausgegan-
genen Wirtschaftsjahres vorzunehmen. Im
Falle einer Erhöhung oder Senkung von Betriebskosten sind die Vorauszahlungen neu
festzusetzen.

5. Werden öffentliche Abgaben neu eingeführt oder entstehen Betriebskosten neu, so
können diese vom Vermieter im Rahmen der
gesetzlichen Vorschriften umgelegt und angemessene Vorauszahlungen festgesetzt werden.

Praxis-Tip:

Unter dieser Klausel wird oft versucht, vertraglich vergessene Betriebskosten doch noch umzulegen. Die Formulierung ,,neu eingeführt" bedeutet, diese Kosten darf es zum Zeitpunkt der Vermietung noch nicht gegeben haben, zum Beispiel, weil ein Gesetz neu eingeführt wurde usw.

6. (Nur für öffentlich geförderte Wohnungen) Unabhängig von dem vertragsmäßig vereinbarten Mietzins gilt die jeweils zulässige Miete als vereinbart. Die zulässige Miete tritt an die Stelle der vertragsmäßig vereinbarten Miete vom Zeitpunkt der preisrechtlichen Zulässigkeit.

7. Staffelmietvereinbarungen

Ergänzend zu § 4 wird vereinbart, daß sich die monatliche Grundmiete um die im folgenden ausgewiesenen Einzelbeträge erhöht, ohne daß es noch einer weiteren Geltendmachung bedarf.

Grundmiete bei Vertrags-
abschluß   DM _____

Erhöhung der Grundmiete:

ab dem _____ 19 ____ auf DM _____
ab dem _____ 19 ____ auf DM _____
ab dem _____ 19 ____ auf DM _____

Unbeschadet dieser Grundmietenvereinbarung kann der Vermieter Erhöhungen von Betriebskosten auf den Mieter umlegen.

Nach Ablauf des Staffelmietenzeitraums richten sich die weiteren Mieterhöhungsansprüche des Vermieters

◯ nach den gesetzlichen Vorschriften

◯ nach der Indexvereinbarung (zu verwenden als Anlage 2; siehe „Höhe der Miete" ab Seite 31.)

Praxis-Tips:

● Ist eine Staffelmiete vereinbart, die aufgrund der Staffelung über die derzeitige ortsübliche Miete (zum Beispiel Mietspiegel) hinausgeht, bedeutet die obige erste Variante („nach den gesetzlichen Vorschriften"), daß unter Umständen sich die Miete solange nicht erhöht, bis die „ortsübliche Miete" der Staffelmiete „nachgerückt" ist.

● Wird ein Index vereinbart, bedarf es einer Laufzeit von weiteren zehn Jahren (siehe unter Index auf Seite 38). Die Miete erhöht sich dann nach Ablauf der Staffelmietenzeit entsprechend dem Lebenshaltungsindex. Vor- und Nachteile sind also gegeneinander abzuwägen.

---

8. Die vereinbarten, tatsächlichen Betriebskosten sind vom Mieter auch dann zu entrichten, wenn die Gegenleistung (aus welchen Gründen auch immer) nicht in Anspruch genommen wird.

Dies ist das Ende des Vertragstextes; weitere Mietvertragsbestimmungen folgen im Kapitel „Mietvertragsverwaltung" ab Seite 130 ff.

*Zum Abschluß des Vermietungsvorgangs gehören noch (siehe auch
Checkliste auf Seite 62 bis 64):*

- Unterzeichnung durch den Mieter und Vermieter
- Fertigung einer Kopie für den Mieter
- Bezahlung der Kaution
- Bezahlung der ersten Miete
- Wohnungsübergabe

Der Mietvertrag ist nun (entsprechend der Eigenschaft einer Urkunde)
im Original von Mieter und Vermieter zu unterzeichnen. Dem Mieter
wird eine Ausfertigung ausgehändigt, das Original verbleibt beim Vermieter.

Gleichzeitig stellt der Mieter eine Kaution von bis zu drei Nettomie-
ten, sie ist vom Vermögen gesondert anzulegen.

Praxis-Tips:

- Einzahlung der Kaution durch den Mieter auf ein Sparbuch,
  das auf seinen Namen lautet und per Verpfändungserklärung
  an den Vermieter verpfändet ist. Jede Bank hält entsprechende
  Verpfändungserklärungsformulare bereit.
- Das Sparbuch bleibt in Händen des Vermieters.
- Die Zinsen der Kaution stehen dem Mieter zu, ebenso ist er für
  die steuerliche Seite (zum Beispiel Zinsabschlag beziehungsweise
  Befreiung davon) zuständig.
- Besteht für den Vermieter Anlaß, auf die Kaution zuzugreifen,
  kann dies anhand der Verpfändungserklärung erfolgen.

Großvermieter legen vielfach für die Kautionen ein verzinsliches Treuhandkonto an. Bei Auszug eines Mieters müssen dann die Zinsen entsprechend ausgerechnet werden, wobei eventuelle höhere Zinsen auch
dem Mieter zustehen, denn mit der Kaution darf der Vermieter kein
,,Zusatzgeschäft'' erzielen. Ist ein Sparbuch hinterlegt und bei Auszug eines Mieters alles in Ordnung, wird vom Vermieter das Sparbuch und die Verpfändungserklärung zurückgegeben.

Mit der Kaution soll in der Regel auch gleich die erste Miete vom Mieter einbezahlt werden, sofern die Mietzeit unmittelbar ansteht. Gleichzeitig wird der Termin für die Wohnungsübergabe organisiert.

Grundsatz: Der Mieter erhält erst den Wohnungsschlüssel, wenn der Mietvertrag unterschrieben, die Kaution einbezahlt und das Wohnungsübergabeprotokoll (siehe unter ,,Beendigung eines Mietverhältnisses'' ab Seite 159) unterzeichnet ist.

Jetzt kann der Mieter mit seinem Einzug beginnen!

II.
Verwaltung

1. „Do it yourself"-Verwaltung

Kleinerer Besitz wird in der Regel vom Eigentümer selbst verwaltet. Auf diese Selbstverwaltung von Mietwohnungen beziehungsweise vermieteten Eigentumswohnungen ist dieses Kapitel abgestellt, wobei viele Grundsätze auch für alle Arten von Grundbesitzverwaltung gelten.

Wie führen Sie diese Verwaltung durch? – Einige Anmerkungen und Tips sollen Ihnen die Arbeit etwas erleichtern.

Erster Grundsatz: Die Finanzen müssen stimmen.

Zu den Finanzen gehören drei Dinge:

- die Mieteinnahmen beziehungsweise Zahlungen des Mieters
- die bezahlten Rechnungen als Kosten
- die Überschußrechnung zum Jahresende

Diese Daten erwartet auch das Finanzamt. Für private Vermieter genügt ein einfaches, übersichtliches Formular. Ein solches Formular könnte wie folgt gestaltet sein:

Mieteinnahmen

M	Jan.	Feb.	März	April	Mai	Juni	Juli	Aug.	Sept.	Okt.	Nov.	Dez.
Mieter												
Mieter												

In die Felder werden die entsprechenden gezahlten Mieten eingetragen. – Diesen Einnahmen stehen Bewirtschaftungskosten gegenüber.

95

Kostenbeispiele für die einfachste Form:

Bewirtschaftungskosten

Kostenart	Datum der Zahlung:	Betrag in DM:
Kreditzinsen	15.1.94	8500,--
Sanitärreparatur	17.2.94	530,80
Müllabfuhr	20.2.94	1200,--
Haftpflichtversicherung	1.3.94	850,--
Grundsteuer	2.3.94	2200,--
usw.		

Spätestens am Jahresende werden den Einnahmen die Kosten gegenübergestellt. In die Überschußrechnung sind die Summen zu übernehmen:

Beispiel:

Summe der Mieteinnahmen	DM 10 000, –
– Summe der Kosten DM	DM 8 000, –
= Gewinn (oder Verlust)	DM 2 000, –

Vermietergesellschaften haben natürlich Bilanzierungsvorschriften zu beachten und benötigen hierzu einen Kontenrahmen, zum Beispiel den Kontenrahmen der Wohnungswirtschaft. Für private Vermieter gilt die Überschußrechnung, das heißt der Gewinn oder Verlust wird in die Einkommensteuerveranlagung übernommen.

Eine „höhere Stufe" der Mietenbuchführung ist die kostenmäßige Unterscheidung zwischen den verschiedenen Kostenarten, zum Beispiel:

Datum	Beleg Nr.	Kapitalkosten Zinsen/Tilgung	Verwaltungskosten	Instandhaltungskosten	Umlagefähige Betriebskosten	Text
3.1...	1				1000,--	Grundsteuer
5.1.	2		100,--			Honorar
6.1.	3			350,--		Elektro-Rep.
usw.						

Bei einer in dieser Weise erstellten Gliederung sieht die Jahresabrechnung etwa so aus:

```
Finanzübersicht Januar - Dezember 1993
        der Musterhausverwaltung,
    in Musterstr. 5-9, 90409 Nürnberg
```

Einnahmen:

Miete aus Rückstand Beigel	DM	1 511,71
Mieteinnahmen 1993	DM	345 714,26
Einnahmen aus Wasserschaden	DM	428,87
Einnahmen von	DM	2 184,00
Einzahlung für Kanalreinigung	DM	12 000,00
Kautionen	DM	30 204,45
Abgrenzung Miete Januar 1994	DM	1 934,45
Erlöse Zinsen	DM	85,34
Übertrag:	DM	394 063,08

Ausgaben:

Städt. Grundabgaben	DM	34 017,16
Feuerlöschprüfung	DM	38,41
Hausmeister	DM	1 950,00
Rasenmähen	DM	275,00
Gartenpflege	DM	547,64
Brandversicherung	DM	839,80
Gebäudeversicherung	DM	2 288,60
Haftpflichtversicherung	DM	1 219,50
Instandhaltung	DM	31 427,77
Schneedienst	DM	200,00
HV-Gebühr	DM	27 779,45
Bankspesen	DM	540,15
Darlehen Nr. 6074029	DM	37 164,00
Darlehen Nr. 81-0247352	DM	6 394,49
Darlehen Nr. 81-0247369	DM	14 920,41
Darlehen Nr. 81-0226218	DM	52 399,72
Stadt Darl. Nr. 931334840101	DM	480,00
Stadt Darl. Nr. 943332840108	DM	720,00

Übertrag		DM 394 063,08

Stadt Darl. Nr. 943134840108	DM	8 132,00
Heizöl	DM	14 420,24
Wasser/Strom	DM	17 262,48
Darlehen Nr. 87/1259891	DM	1 620,00
Darlehen Nr. 81-0247352 Zinsen	DM	5 005,51
Darlehen Nr. 81-0247369 Zinsen	DM	11 679,59
Darlehen Nr. 81/0226218 Zinsen	DM	52 100,28
Rechtsanwaltskosten	DM	167,79
Darlehen-Umschreibung	DM	250,00
ausbezahlte Gutschriften	DM	100,00

	DM 323 939,99	DM 394 063,08
Festgeld	DM 50 000,00	
Handkasse per 31.12.1993	DM 400,00	

Stadtsparkasse Kto.Nr. 123456789

Saldo Soll 01.01.1993	DM	16 616,24
Endbestandsaldo Haben 31.12.1993	DM	3 106,85*)

DM 394 063,08	DM 394 063,08

zu *): Übereinstimmung mit Kontoauszug Nr. 150 vom 31.12.1993

Nürnberg, den _____

98

Zweiter Grundsatz: Ordentliche Aktenführung

Die Aktenorganisation ist ein sehr vernachlässigtes Gebiet, weil man meistens dazu ,,keine Zeit'' findet. Aber die grundsätzliche Aktenorganisation ist relativ einfach und geht von folgenden Überlegungen aus:

Jede Immobilie hat drei feststehende, im wesentlichen unveränderbare Faktoren:

- ein Objekt mit festen Daten (Lage, Größe, Baujahr usw.)
- eine feststehende Zahl an Wohnungseinheiten
- eine Buchführung für Kosten/Ausgaben und Einnahmen

Wenn also diese Faktoren im wesentlichen unveränderlich sind, liegt es dann nicht auf der Hand, auch die Aktenorganisation in gleicher Weise einzuteilen? Wir hätten somit einen ,,roten Faden'', der sich durch unsere komplette administrative Organisation zieht.

Das grundsätzliche Aktensystem sollte auf folgender Einteilung beruhen:

Dokumente	Wohnungen	Buchhaltung

Jede Sparte kann je nach Größe des Objektes in einem Ordner (mit entsprechenden Unterteilungen) untergebracht sein oder auch mehrere Ordner umfassen.

Beispiel:

Akteninhalt

Dokumente	Wohnungen	Buchhaltung
Grundbuch	Wohnung 1	Mieteinnahmen
Kaufunterlagen	Wohnung 2	Kostenbelege
Versicherungen	Wohnung 3	Kontoauszüge
usw.		

● Im ,,Dokumente'' Ordner werden alle dauerhaften und grundsätz-
lichen Vorgänge abgelegt. Die konkrete Unterteilung kann nach
Belieben erfolgen, solange nicht die grundsätzliche Einteilung ver-
lassen wird.

● Im Ordner ,,Wohnungen'' werden diese numeriert und Mietverträge sowie jeder Schriftverkehr mit dem Mieter unter dieser Wohnungsnummer des Mieters abgelegt. Zieht dieser Mieter aus, wird
der neue Mietvertrag obenauf abgelegt, das heißt die Wohnungsnummer bleibt gleich.

Praxis-Tip:

Keine Ablage von A – Z, sie führt zur ,,Katastrophe''!

● Im Ordner ,,Buchhaltung'' befinden sich die Kontoauszüge eines
eigens eingerichteten Mietenkontos. Dort gehen die Zahlungen des
Mieters ein und von diesem Konto werden alle Kosten des Vermieters bezahlt.

Dritter Grundsatz: Sie müssen das Anwesen und jede Wohnung persönlich kennen.

Schon vor Kauf einer Immobilie ist das erste Gebot die persönliche
Besichtigung des Objekts. Anlageberater werden Ihnen erzählen, daß
dies nicht notwendig sei (damit Sie die Nachteile nicht erkennen) und

daß sich Ihre Immobilie von selbst verwaltet oder von einer renommierten Verwalterfirma fachmännisch betreut wird.

Praxis-Tip:

Nehmen Sie persönlich eine Besichtigung vor!

Ihr Eigentum sollten Sie mindestens einmal jährlich innen und außen besichtigen. Eine Wohnungsbesichtigung verschafft Ihnen einen guten Überblick über den Zustand des Eigentums, auch anstehende Probleme können oft schon im Vorfeld geklärt werden.

Für eine Wohnungsbesichtigung ist lediglich erforderlich, daß Sie sich rechtzeitig (ca. 14 Tage Vorlauf) schriftlich anmelden und eine übliche Tageszeit wählen, zum Beispiel:

„Für eine Wohnungsbesichtigung möchte ich Sie bitten, am ———— um ——— Uhr Ihre Wohnung zugänglich zu halten. Sollten Sie selbst nicht anwesend sein können, bitte ich Sie, eine Person Ihres Vertrauens mit dem Schlüssel zu beauftragen. Mit dieser Wohnungsbesichtigung möchte ich mir einen Überblick über den baulichen Zustand der Wohnung verschaffen."

Bei dieser Gelegenheit sollten Sie auch Dach, Fassade, Keller und Gemeinschaftsräume besichtigen, ob sich beginnende Schäden zeigen. Diese Besichtigung ist Bestandteil der Instandhaltungsplanung.

2. Aufgaben der Haus- und Grundstücksverwaltung

Wenn von „Verwaltung" die Rede ist, dann heißt es in Vermieterkreisen, man braucht eine „ordentliche" Verwaltung. Was aber versteht man unter „ordnungsgemäßer Verwaltung" und welches sind die Aufgaben einer Haus- und Grundstücksverwaltung? – Die wesentlichsten Aufgaben einer Hausverwaltung sind:

- Vermietung, Mietersuche und -auswahl
- Durchsetzung mietvertraglicher Regelungen
- Geltendmachung und Durchsetzung von Ansprüchen aus dem Mietverhältnis
- Wirtschaftlichkeit des Wohnungsbestandes beachten
- Betriebskostenabrechnung und Kosteneinsparung vornehmen
- Abschluß von Versicherungen und Wartungsverträgen
- Gebäudezustandskontrollen durchführen
- Instandhaltungsmaßnahmen an Gebäuden durchführen
- Überwachung des Personals (Hausmeister, Putzfrauen usw.) und der eingesetzten Firmen
- Einnahme und Kontrolle der Mieten
- Mahnverfahren bei säumigen Mietern
- Buchhalterische und steuerrechtliche Vorschriften beachten

Zusammenfassend ergeben sich *vier* Hauptaufgabengebiete, die für eine effiziente Haus- und Grundstücksverwaltung ausschlaggebend sind:

Allgemeine Verwaltung

Buchführung, Wirtschaftsplan, Jahresabrechnung, Vertragsverwaltung, Zahlungsverkehr, Vermietung, Regelung von Hausordnung, Nachbarangelegenheiten usw.

Technische Verwaltung

Vergabe, Überwachung und Abnahme von Reparaturen aller Art, Wartungsverträge, Ausschreibungen

Juristische Verwaltung

Mieterhöhungen, Nachbarrecht, Rechtsmaßnahmen einleiten, Vertretung des Eigentümers bei behördlichen Maßnahmen

Kapitalverwaltung

Zinsgünstige Anlage von Geldern des Eigentümers (zum Beispiel Festgeld, verzinsliche Anlage von Rücklage usw.), Beratung in Finanzierungsfragen, Umgang mit Banken (Lastschrifteneinzug, Daueraufträge usw.)

Bei Treuhandverwaltungen hat der Eigentümer Anspruch auf Aushändigung aller Unterlagen. Die Information über Einnahmen, Ausgaben und allen sonstigen Belastungen und Vorkommnissen (zum Beispiel Mietrückstände und entsprechende Maßnahmen) hat der Verwalter an den Eigentümer möglichst umfassend und zeitnah vorzunehmen.

Diese Jahresabrechnung ist üblicherweise im ersten Quartal des folgenden Jahres für das abgelaufene Jahr vorzulegen.

Daraus ergibt sich allgemein, insbesondere aber für Treuhandverwaltungen: Ist dem Eigentümer durch ,,nicht ordnungsgemäße Verwaltung'' ein Schaden entstanden, zum Beispiel durch Nichtabschluß einer üblichen Hausversicherung und eintretendem Schaden, durch unterlassene Instandhaltung usw., so haftet der Verwalter.

Der Verwalter hat deshalb mit fremdem Eigentum besonders sorgfältig und gewissenhaft umzugehen und den Eigentümer in alle größeren Verwaltungsgeschäfte miteinzubeziehen.

Ebenso unterliegt jede Verwaltung gewissen Zwängen:

– Ein selbständiger Verwalter muß sich nach den Wünschen seines Auftraggebers richten.
– Eine kommunale Wohnungsverwaltung steht unter dem Einfluß der Stadtpolitik (Bürgermeister, Stadträte usw.).
– Eine Verwaltung bei einem Versicherungsunternehmen hat den Versicherungskunden und seine Agentur im Hintergrund.

103

– In einer Genossenschaft bestimmen der (ehrenamtliche) Vorstand und die Genossenschaftsmitglieder.

Sollte dieser persönliche Kontakt, der sehr mit Streß behaftet sein kann, dem Verwalter unsympathisch sein, sollte er diese Tätigkeit nicht wählen!

Es gilt, die verwaltungsmäßigen Abläufe so zu organisieren, daß „möglichst nichts dem Zufall" überlassen bleibt.

Die Allgemeine Verwaltung

Bei den Aufgaben der Allgemeinen Verwaltung stehen Wirtschaftsplan, Buchführung und Jahresabrechnung an erster Stelle.

Kontoführung und Wirtschaftsplan

Am Anfang eines neuen Jahres wird vom Verwalter ein Wirtschaftsplan für jede Wirtschaftseinheit erstellt. Der Wirtschaftsplan enthält:

```
Wirtschaftsplan

Voraussichtliche Einnahmen:

Wohnung 1                          DM _____

Wohnung 2                          DM _____

Wohnung 3                          DM _____

usw.

Sonstige Einnahmen                 DM _____

Summe der voraussichtlichen        _____
Einnahmen:                         DM
                                   ==========
```

Voraussichtliche Aufwendungen:

1. Kapitalkosten	DM	_____
2. Instandhaltungskosten	DM	_____
3. Verwaltungskosten	DM	_____
4. Mietausfallwagnis	DM	_____
5. Betriebskosten	DM	_____
6. Sonstige Kosten	DM	_____

Summe der voraussichtlichen
Kosten: DM

Voraussichtliches Jahresergebnis:

Verlust/Überschuß

Um einen solchen Wirtschaftsplan fundiert erstellen zu können, sind umfangreiche Vorarbeiten erforderlich, zum Beispiel:

- Prüfung der Miethöhe und eventuelle Erhöhungsmöglichkeiten
- Begehung des Anwesens zur Feststellung des Instandhaltungsbedarfs
- Ermittlung der Instandhaltungskosten, zugleich auch
- Prüfung, ob wertverbessernde Maßnahmen sinnvoll wären
- Prüfung, ob alle Rationalisierungen ausgeschöpft sind

Dem Wirtschaftsplan steht die *Jahresabrechnung* zum Ende des Jahres gegenüber. Leistungsmerkmal einer Verwaltung ist, wie gut im Rahmen des Wirtschaftsplanes tatsächlich gewirtschaftet wurde.

Aus dem Wirtschaftsplan ergeben sich die Eckdaten für das *Controlling* (Soll/Ist-Vergleich) während des Jahres.

Genehmigung des Wirtschaftsplanes

Der vom Verwalter erstellte Wirtschaftsplan ist dem Grundstückseigentümer zur Genehmigung vorzulegen. Dieser oben genannte Wirtschaftsplan umfaßt nur die laufenden Maßnahmen. Sondermaßnahmen wie größere Instandhaltungen oder wertverbessernde Maßnahmen sind über einen ,,Sonderfonds'' abzuwickeln. Alle diese Maßnahmen sind mit dem Grundstückseigentümer abzustimmen.

Buchung von Zahlungsvorgängen

Alle Zahlungsvorgänge (Mieteinnahmen und Kosten) werden pro Objekt/Wirtschaftseinheit erfaßt (gebucht), bei treuhänderischer Verwaltung ist für jedes einzelne Objekt ein eigenes Girokonto bei einer Bank als sogenanntes ,,offenes Treuhandkonto'' einzurichten. Dorthin zahlen die Mieter ihre Miete ein, von diesem Konto zahlt der Verwalter alle anfallenden Kosten.

Deckung laufender Kosten

Reichen die Mieteinnahmen, auch bei sparsamer Wirtschaftsführung, nicht zur Deckung der laufenden Kosten aus, ist dieser Fehlbetrag schon im Wirtschaftsplan auszuweisen und der Eigentümer um Ausgleich/Einzahlung zu bitten. Das Gleiche gilt, wenn durch unvorhergesehene Kosten der Wirtschaftsplan nicht einzuhalten ist. Letzteres darf allerdings nur die Ausnahme sein.

Laufende Instandhaltung

Während des Jahres sind vom Verwalter alle Verwaltungsvorgänge wie Vermietung leer werdender Einheiten, Vertragsmaßnahmen gegebenenfalls bis zur Kündigung und viele Dinge mehr zu erledigen. Zur ,,ordnungsgemäßen Bewirtschaftung'' gehört, daß sich der Verwalter um die laufende Instandhaltung kümmert. Reguläre Instandsetzungsmaßnahmen sind von ihm vorzubereiten (zum Beispiel Kostenangebote einholen) und dem Eigentümer/Antragsteller beziehungsweise Berechtigten zur Genehmigung/Entscheidung vorzulegen. Er darf sie in der Regel nur dann ausführen lassen – und ist dann allerdings auch dazu verpflichtet –, wenn unmittelbare Gefahren für Dritte abzuwenden sind.

Jahresabrechnung

Zum Jahresende ist vom Verwalter die Jahresabrechnung der tatsächlich verauslagten Kosten und eingenommenen Mieten vorzunehmen. Die Jahresabrechnung ist ähnlich dem Wirtschaftsplan aufgebaut, um den direkten Vergleich zwischen Planung und tatsächlichem Ablauf ziehen zu können.

Mit der Jahresabrechnung hat der Verwalter die eingenommenen Mieten sowie die tatsächlich angefallenen Kosten in einer Jahresabrechnung darzulegen und gegebenenfalls nachzuweisen.

107

Beispiel:

Jahresabrechnung
für das Anwesen Musterstraße 2

Kontostand am 1.1.19 _____   DM 1000,--

Mieteinnahmen: Soll   Ist
Wohnung 1   DM _____   DM _____
Wohnung 2   DM _____   DM _____
Wohnung 3   DM _____   DM _____

usw.

Sonstige Einnahmen   DM _____
                             _____

Summe der Einnahmen: DM
                             ═══════════

Ausgaben:
1. Kapitalkosten   DM _____
2. Instandhaltungskosten DM _____
3. Verwaltungskosten   DM _____
4. Mietausfallwagnis   DM _____
5. Betriebskosten   DM _____
6. Sonstige Kosten   DM _____
                             _____
Summe der Kosten: DM
                             ═══════════

Kontostand am 31.12.19_____   DM _____

Praxis-Tips:

● Kontostand am Jahresanfang, plus Einnahmen, minus Ausgaben muß rechnerisch den Kontostand am Jahresende ergeben. Dies ist so einfach gesagt, aber in der Praxis oftmals durchaus nicht einfach darzustellen, weil vielfach Abgrenzungen erforderlich sein dürften, zum Beispiel die Miete für Januar, die noch im Dezember eingeht oder eine Zahlung im Januar, die noch das Vorjahr betrifft usw.

● Zur Abrechnung sind in der Regel noch Informationen erforderlich, zum Beispiel bei fehlenden Mieten aufgrund Mietrückstands, Mietminderungen usw. Mietausfall wegen Leerstandes, Begründungen für Kostenüberschreitungen gegenüber dem Wirtschaftsplan usw.

Die juristische Verwaltung

In die juristische Verwaltung fallen vor allem Mieterhöhungen. Hier schließen wir an das erste Kapitel ,,Vermietung'' an, denn durch den Mietvertrag werden die Vorgaben für spätere Mieterhöhungen gestellt.

Grundvoraussetzungen im freifinanzierten Wohnungsbau sind:

– Die Miete muß ein Jahr unverändert sein.
– Die verlangte neue Miete darf (nur) so hoch sein, daß sie die ,,ortsüblichen Entgelte'' nicht übersteigt. Man nennt die Miete im freifinanzierten Wohnungsbau deshalb die ,,*ortsübliche Vergleichsmiete*''.
– Die Erhöhung ist ein zweites Mal durch die sogenannte Kappungsgrenze begrenzt. Die Kappungsgrenze wird von der Grundmiete berechnet.
– Die Betriebskosten sind mietrechtlich gesondert zu behandeln.

Mieterhöhung bei einer Teil-inclusiv-Miete

Die komplizierteste Mieterhöhung ist diejenige, bei der laut Mietvertrag eine Teil-inclusiv-Miete vereinbart wurde.

Beispiel:
Eine Miete setzt sich gemäß Mietvertrag wie folgt zusammen:

Miete	DM 420, –
+ Vorauszahlung Wasser	DM 50, –
Gesamtmiete	DM 470, –
Wohnungsgröße 60 m²	

Diese Mietpreisgestaltung bedeutet, alle Betriebskosten mit Ausnahme von Wasser sind in der Grundmiete enthalten. Was ist daran schwierig?

● Feststellung und Berechnungen im Vorfeld der Mieterhöhung

In der Miete von DM 420, – sind auch Betriebskostenanteile, die nach § 27 II. Berechnungsverordnung gesondert umlagefähig wären, enthalten. Der Mietvertrag erlaubt jedoch keine gesonderte Umlage. Allerdings können erhöhte Betriebskosten an den Mieter weitergegeben werden, jedoch in diesem konkreten Fall nicht als Vorauszahlung, sondern als Betriebskostenbestandteil zur Grundmiete.

Wir müssen deshalb zunächst die in der Miete enthaltenen umlagefähigen Betriebskosten auf dem Stand der letzten Jahre erfassen. Als Beispiel nehmen wir an, diese Kosten (ohne Wasser) ergeben DM 1, – /m²/monatlich. Somit sind in den obigen DM 420, – Betriebskosten in Höhe von 60 m² x 1, – = 60, – DM enthalten.

● Berechnung der Kappungsgrenze

DM 420, – abzüglich DM 60, – Betriebskosten = DM 360, – x 30 % Kappungsgrenze (Miete unter DM 8, –) = maximal DM 108, – Erhöhung.

● Die voraussichtliche neue Miete

Miete bisher	DM 420, –
– Betriebskosten (alt)	DM 60, –
+ Mieterhöhung 30 %	DM 108, –
+ Betriebskosten[1])	DM 60, –
+ Vorauszahlung Wasser	DM 30, –
Neue Miete	DM 558, –

Sind die Betriebskosten gestiegen, zum Beispiel von DM 60, – auf DM 80, –, so würde sich die obige Miete wie folgt gliedern:

Mietet bisher	DM 420, –
– Betriebskosten (alt)	DM 60, –
+ Mieterhöhung 30%	DM 108, –
+ Betriebskosten neu	DM 80, –
+ Vorauszahlung Wasser	DM 30, –
Neue Miete	DM 578, –

Es ist nun zu prüfen, ob sich diese Miete im Rahmen der ortsüblichen Miete (zum Beispiel des örtlichen Mietspiegels) bewegt. Es ist deshalb vorzunehmen ein

● Vergleich zur ortsüblichen Miete

Die neue Miete (DM 420, – abzüglich DM 60, – + DM 108, – = DM 468, –) darf nicht wesentlich über der ortsüblichen Miete liegen. Wäre das der Fall, müßte die Miete von DM 468, – entsprechend abgesenkt werden. Angenommen sie dürfte maximal DM 6,50 pro m² betragen, würde sich folgende Miete ergeben:

● Die endgültige neue Miete

Maximale Grundmiete DM 6,50 x 60 m² =	DM 390, –
(statt DM 468, –), somit:	

---

[1]) Dieser Betriebskostenbetrag ist eine Pauschale, die gemäß § 4 Miethöhegesetz an die veränderten Kosten angepaßt werden kann. Die Kappungsgrenze gilt bei den Betriebskosten nicht.

Miete bisher	DM 420, –
– Betriebskosten (alt)	DM 60, –
+ Erhöhung (statt DM 108, – nur)	DM 30, –
+ Betriebskosten neu	DM 80, –
+ Vorauszahlung Wasser	DM 30, –
Neue Miete	DM 500, –

Würde die obige voraussichtliche Miete von DM 558, – sich im Rahmen der ortsüblichen Miete bewegen, wäre selbstverständlich keine weitere Kappung vorzunehmen.

Mieterhöhung im freifinanzierten Wohnungsbau

Die vorgenannt berechnete Miete ist nun formal zu begründen, das heißt es ist zu beweisen, daß sie im ortsüblichen Rahmen liegt. Rechtliche zuständig ist das Miethöhegesetz:

§ 2 Miethöhegesetz

(2) Der Anspruch nach Absatz 1 ist dem Mieter gegenüber schriftlich geltend zu machen und zu begründen. Dabei kann insbesondere Bezug genommen werden auf eine Übersicht über die üblichen Entgelte nach Absatz 1 Satz 1 Nr. 2 in der Gemeinde oder in einer vergleichbaren Gemeinde, soweit die Übersicht von der Gemeinde oder von Interessenvertretern der Vermieter und der Mieter gemeinsam erstellt oder anerkannt worden ist (Mietspiegel); enthält die Übersicht Mietzinsspannen, so genügt es, wenn der verlangte Mietzins innerhalb der Spanne liegt. Ferner kann auf ein mit Gründen versehenes Gutachten eines öffentlich bestellten oder vereidigten Sachverständigen verwiesen werden. Begründet der Vermieter sein Erhöhungsverlangen mit dem Hinweis auf entsprechende Entgelte für einzelne vergleichbare Wohnungen, so genügt die Benennung von drei Wohnungen.

Somit gibt es drei Möglichkeiten, die Mieterhöhung zu begründen:

- Mietspiegel
  Mit ihm haben wir uns im ersten Kapitel „Vermietung" (auf den Seiten 31 bis 35) schon ausführlich beschäftigt.
- Gutachten eines öffentlich bestellten und vereidigten Sachverständigen
  Eine andere Möglichkeit zur Begründung einer Mieterhöhung ist das Gutachten eines von der Industrie- und Handelskammer öffentlich bestellten und vereidigten Sachverständigen.

Der Vermieter/Verwalter beauftragt somit vor Durchführung einer Mieterhöhung einen solchen Sachverständigen (Adressen sind bei der örtlichen Industrie- und Handelskammer erhältlich), für eine bestimmte Wohnung die ortsübliche Vergleichsmiete zu benennen.

Wichtig ist, daß der Sachverständige aus eigenem Fundus vergleichbare Wohnungen kennt und nicht etwa den Mietspiegel anwendet. Auch nach den Kosten für das Gutachten sollte gefragt werden.

Nach Erstellung des Gutachtens wird die Mieterhöhung dem Mieter in einem Schreiben unter Bezugnahme auf das beigefügte Gutachten zugestellt.

Kommt es zum Streit, das heißt wird vom Mieter das Gutachten angezweifelt, kann unter Umständen das Gericht einen weiteren, oder, falls die Mieterseite bereits ein Gegengutachten präsentiert, einen „Obergutachter" beauftragen. Entsprechend teuer wird das Verfahren.

Gutachter werden deshalb überall dort eingesetzt, wo die betreffende Wohnung weit außerhalb des Rahmens des örtlichen Mietspiegels liegt oder kein Mietspiegel vorhanden ist.

- Benennung von drei Vergleichswohnungen
  Eine weitere Möglichkeit der Begründung einer Mieterhöhung ist die Benennung von drei vergleichbaren Wohnungen. Seit neuerer Rechtsprechung können dabei auch drei (zum Beispiel neu vermie-

tete) Wohnungen des Vermieters im gleichen Haus oder Block benannt werden.

Zur Begründung der Mieterhöhung werden somit im Mieterhöhungsschreiben die Vergleichswohnungen genannt, zum Beispiel:

```
Zum Vergleich der Miete benennen wir hier-
mit folgende Vergleichswohnungen:

1. Die Wohnung im Anwesen Musterstr. 3
EG links, 70 m², Ausstattung:_____

Miete: _____ usw.

2. Die Wohnung _____

3. Die Wohnung _____
```

Praxis-Tip:

Die Wohnungen sollten möglichst konkret beschrieben werden.

Das Problem ist: Der dort in der Vergleichswohnung wohnende Mieter ist weder verpflichtet, die Wohnung besichtigen zu lassen noch sich als Zeuge zur Verfügung zu stellen. Für den Mieter, dem die Miete erhöht wird, muß deshalb der Augenschein und die Wahrscheinlichkeit der Richtigkeit genügen. Im Streitfalle kann der Vermieter den dort abgeschlossenen Mietvertrag vorlegen. Bezüglich der örtlichen Umstände legen oftmals Richter einen Ortstermin zur Inaugenscheinnahme fest oder beauftragen einen Sachverständigen, die Vergleichbarkeit zu überprüfen.

Das wirksame Mieterhöhungsverlangen

Im Mieterhöhungsablauf wurde zuerst die Miete berechnet, dann wurde sie begründet (durch Mietspiegel, Gutachten, Vergleichswohnungen) und nun ist sie gegenüber dem Mieter durchzuführen.

§ 2 Miethöhegesetz

(3) Stimmt der Mieter dem Erhöhungsverlangen nicht bis zum Ablauf des zweiten Kalendermonats zu, der auf den Zugang des Verlangens folgt, so kann der Vermieter bis zum Ablauf von weiteren zwei Monaten auf Erteilung der Zustimmung klagen. Ist die Klage erhoben worden, jedoch kein wirksames Erhöhungsverlangen vorausgegangen, so kann der Vermieter das Erhöhungsverlangen im Rechtsstreit nachholen; dem Mieter steht auch in diesem Fall die Zustimmungsfrist nach Satz 1 zu.

In der Praxis haben sich zwei Verfahren zur Mieterhöhung herausgebildet:

– Das „formale" Verfahren konkret nach den gesetzlichen Anforderungen

Zu schreiben ist ein Brief an den Mieter (bei mehreren Personen an alle Personen) mit dem genannten gesetzlichen Inhalt:

```
An die
Mietpartei

Betrifft: Zustimmung zur Mieterhöhung


Sehr geehrte ...

nach dem Gesetz zur Regelung der Miethöhe
kann der Vermieter vom Mieter die Zustim-
mung zur Erhöhung des Mietzinses verlangen,
wenn
```

1. der bisherige Mietzins seit einem Jahr unverändert fortbesteht (Betriebskosten- und Kapitalkostenerhöhungen bleiben außer Betracht), und

2. der verlangte Mietzins die üblichen Entgelte nicht übersteigt, die in der Gemeinde oder in vergleichbaren Gemeinden für nicht preisgebundenen Wohnraum vergleichbarer Art, Größe, Ausstattung, Beschaffenheit und Lage in den letzten drei Jahren vereinbart oder, von Erhöhungen der Betriebskosten abgesehen, geändert worden sind und

3. der Mietzins sich innerhalb von drei Jahren (von Erhöhungen der Betriebs- und Kapitalkosten abgesehen) nicht um mehr als 20 bzw. 30 vom Hundert erhöht.

Die Voraussetzungen liegen für Ihre Wohnung vor. Wir erhöhen deshalb Ihre Miete wie folgt:

Die neue Miete beträgt DM _____ pro m^2/mtl. aufgrund:

O des beigefügten und ausgefüllten Mietspiegels

O des beigefügten Gutachtens eines öffentlich bestellten und vereidigten Sachverständigen

O der umseitig aufgeführten Vergleichswohnungen

Somit ergibt sich für Ihre Wohnung folgende neue Miete:

DM _____ x _____ m^2 = DM _____

zuzüglich Kosten für

_____ DM _____

_____ DM _____

(Aufgliederung wie Mietvertrag
bzw. Berechnung)

Neue Gesamtmiete ab _____ DM _____

Diese neue Miete bedarf nach den genannten
gesetzlichen Vorschriften Ihrer ausdrückli-
chen schriftlichen Zustimmung.

Wir bitten Sie deshalb, Ihr Einverständnis
auf der beigefügten Rückantwort durch Unterschrift zu bestätigen und uns Ihre Zustimmung innerhalb von zwei Monaten, also
bis zum _____ per Post zuzustellen.

Mit freundlichen Grüßen

- Unterschrift -[1]

Praxis-Tip:

**In diesem Schreiben zur Mieterhöhung könnte auch ein Hinweis
auf die Kündigungsmöglichkeit durch den Mieter erfolgen.**

---

[1] *Zur Unterschrift:* Die Mieterhöhung kann nur der im Grundbuch eingetragene Eigentümer aus-
sprechen, das heißt entweder der Eigentümer unterschreibt selbst, oder der Verwalter unterschreibt, dann muß jedem Mieterhöhungsschreiben eine Original-Vollmacht (unterschrieben vom
Vermieter) beigelegt werden, oder die Mieterhöhung wird komplett per EDV erstellt, dann bedarf es **keiner** Unterschrift.

Dieses Mieterhöhungs- beziehungsweise Zustimmungsverlangen hat folgende Wirkungen:

- Die Fristen werden in Gang gesetzt (Überlegungsfrist für den Mieter
  - zwei Monate – und Klagefrist für den Vermieter).
- Die Frist für die Mieterhöhung ist festgelegt (zum Beispiel für späteres Urteil).
- Der Mieter kann/könnte das Mietverhältnis kündigen (§ 9 Miethöhegesetz).

Die Angabe und Berechnung der Kappungsgrenze ist nicht zwingend vorgeschrieben, jedoch empfehlenswert, wenn umständliche Berechnungen, wie oben ausgeführt, notwendig sind.

Zustimmung des Mieters

Stimmt der Mieter innerhalb der zweimonatigen Überlegungsfrist nicht schriftlich zu, muß vom Vermieter entweder eine Klage auf Zustimmung eingereicht werden oder die Mieterhöhung verfällt. – Bei einer Personenmehrheit auf Seiten der Mieter müssen alle Mieter zustimmen.

Für die Klage ist örtlich und sachlich ausschließlich das Amtsgericht zuständig, in dessen Bezirk die Wohnung liegt.

Häufige Fehler in der Zustimmungsklage sind zum Beispiel:

- Der Klageantrag muß den Umfang der angestrebten monatlichen neuen Miete und den Zeitpunkt der Mieterhöhung enthalten.
- Die im Mietvertrag bestehende Mietstruktur muß beibehalten bleiben (darf nicht an den Mietspiegel ,,angepaßt'' werden).
- Die im Mietspiegel oder Gutachten zugrundeliegende Mietstruktur muß beachtet werden.
- Teilzustimmungen des Mieters sind zu berücksichtigen.

Das Mietangebot-Verfahren

Viele Vermieter legen, im Gegensatz zum populären Klischee, keinen Wert auf die ,,höchste Miete'' (siehe unter ,,Vermietungsstrategien'') und unterbreiten deshalb dem Mieter eine Mieterhöhung als Angebot.

Der Vermieter schreibt in diesem Fall dem Mieter einen Brief, in dem er ihm die Gründe für eine Mieterhöhung darlegt, zum Beispiel:

Anmerkung des Verfassers: Aus der langjährigen Tätigkeit von Mieterhöhungsverfahren ist festzustellen, daß in der Praxis der ,,normale Bürger'' und Mieter die obige, mietrechtliche vorgeschriebene Prozedur nicht versteht. In der weitaus größten Zahl ist der Mieter zwar bereit, die neue erhöhte Miete zu bezahlen, aber er ist der Meinung: ,,Ich unterschreibe nichts.'' Der Mieter ist in der Regel der Ansicht, daß, wenn er die neue Miete bezahlt, die Sache für ihn in Ordnung ist.
  – Die Gerichte haben jedoch die obigen Formvoraussetzungen nach Ansicht des Verfassers noch weiter, um nicht zu sagen ,,maßlos'' überzogen, in dem sie auch im letzten genannten Fall, das heißt der Mieter hat zum Beispiel die Miete mehrmals gezahlt und kommt nun hinterher mit der Meinung, er habe sich geirrt, dem Mieter zugestimmt und die Mieterhöhung für unwirksam erklärt (mit der Folge der Rückzahlung und neuem Verfahren mit neuer Frist).

119

Sehr geehrter Mieter,

in den letzten drei Jahren, seit Sie in der Wohnung wohnen, haben sich die Wassergebühren um 20%, die Müllabfuhrgebühren um 40%, die Versicherungen um 7% und die Handwerkerrechnungen um 13% erhöht. Wir benötigen deshalb, um die Bewirtschaftung des Anwesens weiter aufrechterhalten zu können, erhöhte Mieteinnahmen. Anteilig würde sich für Sie folgende Mieterhöhung/neue Miete ergeben:

Bisherige Miete	DM 800,--
+ Erhöhung 10%	DM 80,--
Neue Nettomiete	DM 880,--
zuzüglich Betriebskostenvorauszahlung (unverändert)	DM 100,--
Summe	DM 980,--

Überweisen Sie bitte, zum Zeichen Ihres Einverständnisses, obige neue Miete ab _____ auf das Ihnen bekannte Mietenkonto _____ .

Mit freundlichen Grüßen

- Unterschrift -

Dieses Anschreiben erfüllt natürlich *nicht* die *formalen Voraussetzungen* eines Mieterhöhungsverfahrens!

Der Unterschied ist: Der Mieter versteht meistens ohnehin, daß und warum seine Miete erhöht werden soll, er braucht nichts zu unterschreiben und wenn sich die Mieterhöhung im Rahmen hält, hat dieses Mieterhöhungsschreiben eine sehr hohe ,,Erfolgsquote''.

Praxis-Tip:

Jedes formale Verfahren nach § 2 Miethöhegesetz bringt einen ,,Knick'' in die Mieter – Vermieter – Beziehung. Deshalb die Empfehlung: Jeder (außergerichtliche) Kompromiß ist besser als ein Klageverfahren auf Zustimmung!

Natürlich werden einige Mieter auf das Angebot nicht eingehen. Hier bleibt dann immer noch die Möglichkeit, das formale Verfahren (über einen Anwalt) in die Wege zu leiten.

Das Haustürwiderrufsgesetz

Aktuell ist zur Zeit die Frage, ob eine Zustimmung zur Mieterhöhung, die vom Mieter aufgrund eines Besuchs des Vermieters/Verwalters in seiner Wohnung unterschrieben wurde, unter ,,Haustürgeschäfte'' fallen und somit vom Mieter widerrufen werden können. Dies wurde in einem Rechtsentscheid zugunsten des Mieters entschieden. Der Vermieter muß jedoch geschäftsmäßig handeln. Werden also Vertragsänderungen, dies sind Mieterhöhungen, aber auch alle anderen Arten von mietvertraglichen Vereinbarungen mit einer ,,entgeltlichen Leistung'', in der Wohnung des Mieters ,,geschäftsmäßig'' behandelt, kann der Mieter bis zur Beendigung des Mietverhältnisses widerrufen und Zahlungen zurückverlangen.

121

Praxis-Tip:

Das Mieterhöhungsschreiben sollte beim Mieter abgegeben werden mit dem Hinweis, dieses unterschrieben zurückzusenden.

Anpassung der Betriebskostenvorauszahlungen

In der Praxis werden im Zuge einer Mieterhöhung auch die Betriebskosten überprüft und eventuelle Kostensteigerungen durch Anpassung der Vorauszahlung oder Pauschale angeglichen.

§ 4 Miethöhegesetz (nur für Alt-Bundesländer)

(1) Für Betriebskosten im Sinne des § 27 der Zweiten Berechnungsverordnung dürfen Vorauszahlungen nur in angemessener Höhe vereinbart werden. Über die Vorauszahlungen ist jährlich abzurechnen.

(2) Der Vermieter ist berechtigt, Erhöhungen der Betriebskosten durch schriftliche Erklärung anteilig auf den Mieter umzulegen. Die Erklärung ist nur wirksam, wenn in ihr der Grund für die Umlage bezeichnet und erläutert wird.

(3) Der Mieter schuldet den auf ihn entfallenden Teil der Umlage vom Ersten des auf die Erklärung folgenden Monats oder, wenn die Erklärung erst nach dem 15. eines Monats abgegeben worden ist, vom Ersten des übernächsten Monats an.

Soweit die Erklärung darauf beruht, daß sich die Betriebskosten rückwirkend erhöht haben, wirkt sie auf den Zeitpunkt der Erhöhung der Betriebskosten, höchstens jedoch auf den Beginn des der Erklärung vorausgehenden Kalenderjahres zurück, sofern der Vermieter die Erklärung innerhalb von drei Monaten nach Kenntnis von der Erhöhung abgibt.

Die tatsächlich eingetretenen Betriebskostenerhöhungen können also direkt an den Mieter weitergegeben werden. Dies erfolgt, wie schon ausgeführt, durch eine Abrechnung, aber auch durch eine (rechtzeitige)

Anpassung der Betriebskosten-Vorauszahlung. Im praktischen Ablauf erfolgt diese Anpassung der Vorauszahlung entweder regelmäßig jährlich nach erfolgter Betriebskostenabrechnung und/oder im Zusammenhang mit einer Mieterhöhung. Selbstverständlich nur unter der Voraussetzung, daß die Betriebskosten tatsächlich gestiegen sind!

Das Mieterhöhungsverfahren im öffentlich geförderten Wohnungsbau

Die Miete darf immer dann angepaßt werden, wenn sich die Kosten gegenüber der letzten Kostenmieteberechnung verändert haben.

Erhöhen sich nämlich die laufenden Aufwendungen, ist der Vermieter nach den Bestimmungen des Wohnungsbindungsgesetzes berechtigt, vom Mieter eine entsprechend erhöhte Kostenmiete zu verlangen.

Beispiel:

Wirtschaftseinheit: Musterstraße 10

Kosten DM	Betrag bisher	tatsächl. Betrag	Erhöhung DM
Kapitalkosten	16 634, –	18 500, –	1 866, –
Abschreibung	3 789, –	3 789, –	–, –
Verwaltung	2 160, –	2 880, –	720, –
Instandhaltung	4 985, –	8 657, –	3 672, –
Erhöhung			6 258, –

DM 6 258 : 597,02 : 12 Monate = DM 0,87/m²/monatlich

Die Mieterhöhung muß gegenüber dem Mieter schriftlich erklärt, berechnet und erläutert werden. Zur Begründung ist eine Wirtschaftlichkeitsberechnung oder ein Auszug daraus (wie oben) beizufügen, zum Beispiel:

An den
Mieter (Name)

Betrifft: Mieterhöhung aufgrund gestiegener
         Kosten

Sehr geehrter Mieter,

aufgrund gestiegener Kapital-, Verwaltungs-
und Instandhaltungskosten gemäß Anlage müssen wir auch Ihre Miete, wie folgt, diesen
Kostensteigerungen anpassen:

Bisherige Miete   DM 256,--
(DM 3,94 x 65 m^2)

+ Erhöhung DM 0,87 x 65 m^2 DM   56,--

+ Betriebskostenvorauszahlung[1] DM   57,--

Neue Gesamtmiete ab 1._____ DM 369,--

Überweisen Sie bitte die neue Miete bis zum
3. Werktag eines Monats auf das bekannte
Mietenkonto _____ .

Mit freundlichen Grüßen

- Unterschrift -

Anlage: Auszug aus der Wirtschaftlichkeits-
        berechnung

**Die Mieterhöhung gilt zum 1. des nächsten Monats, wenn das Miet-
erhöhungsschreiben dem Mieter vor dem 15. des Vormonats zugegan-
gen ist. Als Zugang genügt der Einwurf in den Briefkasten.**

---

[1] *Anmerkung:* Die Betriebskostenvorauszahlung sollte an die Kostensteigerung angepaßt werden.

124

Mieterhöhung aufgrund von wertverbessernden Maßnahmen und baulichen Änderungen

Bei baulichen Änderungen und wertverbessernden sowie energiesparenden Maßnahmen sind der freifinanzierte Wohnungsbau und der soziale Wohnungsbau strikt zu trennen.

● Wertverbesserungen im freifinanzierten Wohnungsbau

Wertverbesserungen sind bauliche Maßnahmen, die den Wert der Wohnung für den Mieter auf Dauer verbessern. Instandhaltungsmaßnahmen, die (nur) einen höheren Materialwert haben oder entsprechend der neuesten Technik durchgeführt werden, sind in der Regel keine Wertverbesserungen im mietrechtlichen Sinne. Klassische Fälle sind folgende Maßnahmen, die

– ,,den Gebrauchswert der Wohnung (für den Mieter!) nachhaltig, also auf Dauer gerichtet, verbessern'', zum Beispiel Einbau eines Bades, Einbau eines WC innerhalb der Wohnung, Baumaßnahmen, damit die Wohnung abgeschlossen ist (bei Altbauten), oder Einbau von Verbund- beziehungsweise Schallschutzfenstern.

Praxis-Tip:

Vom Gesamtaufwand sind diejenigen Kosten abzuziehen, die für Instandhaltung beziehungsweise Instandsetzung aufzuwenden gewesen wären! Ferner dürfen natürlich nicht ,,reine'' Instandhaltungskosten mitumgelegt werden, auch wenn dies technisch und vom Ablauf nicht anders machbar ist.

– ,,Einsparung von Heizenergie bewirken.'' Energiesparende Maßnahmen sind Maßnahmen zur wesentlichen Verbesserung der Wärmedämmung von Fenstern, Außentüren, Außenwänden, Dächern, Kellerdecken und obersten Dachgeschoßdecken, zur wesentlichen Verminderung des Energieverlustes und des Energieverbrauchs der zentralen Heizungs- und Warmwasseranlagen, zur Änderung von

125

zentralen Heizungs- und Warmwasseranlagen innerhalb des Gebäudes für den Anschluß an die Fernwärmeversorgung, die überwiegend aus Anlagen der Kraft-Wärme-Koppelung, zur Verbren-
nung von Müll oder zur Verwertung von Abwärme gespeist wird,
zur Rückgewinnung von Wärme und zur Nutzung von Energie
durch Wärmepumpen und Solaranlagen usw.

Bei diesen Maßnahmen muß auch aus der Sicht des Mieters das Gebot der Wirtschaftlichkeit berücksichtigt und das Verhältnis zwischen
einzusparenden Heizkosten und Mietzinserhöhung geprüft werden.

Bei einem Verstoß gegen dieses Gebot der Wirtschaftlichkeit entfällt
nicht der Mieterhöhungsanspruch als solches, sondern wird (durch
das Gericht) um den für den Mieter „unwirtschaftlichen Teil" gekürzt.

– „. . . aufgrund von Umständen, die er (der Vermieter) nicht zu
vertreten hat . . .", eintreten. Bauliche Maßnahmen in diesem
Sinne sind zum Beispiel Kanalanschluß (bei bisheriger Grube), Erd-
gasumstellung, Ausstattung mit Heizkostenverteilern, Ausstattung
mit Warmwasserzählern oder Einbau von Sicherheitstüren im
Aufzug.

Nicht darunter zu verstehen sind Umlegungsmaßnahmen der Kommune. Diese gehören zum Wert des Grundstücks!

Die ordnungsgemäße und rechtzeitige Ankündigung der vorgesehenen Maßnahmen ist die Fälligkeitsvoraussetzung für den Anspruch
des Vermieters an den Mieter, die geplante Maßnahme zu dulden
(§ 541b Abs. 2 Bürgerliches Gesetzbuch).

Die Ankündigung muß schriftlich mindestens zwei Monate vor Beginn der Maßnahme erfolgen und mindestens folgende Angaben enthalten:

– Art der Maßnahme (zum Beispiel Einbau von Isolierfenstern)
– Umfang, Ort, Beginn und Dauer der Maßnahme
– zu erwartende Mieterhöhung in DM

Ist die Maßnahme nicht oder nicht rechtzeitig angekündigt worden oder übertrifft die tatsächliche Mieterhöhung die angekündigte Erhöhung um mehr als 10 %, so ist (statt der zweimonatigen Frist) eine Frist von sechs Monaten für den Zeitpunkt der Mieterhöhung einzuhalten.

Der Mieter braucht Maßnahmen nicht zu dulden, die für ihn oder seine Familie eine Härte bedeuten würde. Im Streitfalle werden vom Gericht die berechtigten Interessen des Vermieters und die Gründe des Mieters gegeneinander abgewogen. Es handelt sich immer um Einzelfallentscheidungen.

Praxis-Tip:

Es empfiehlt sich grundsätzlich, vor jeder Maßnahme eine schriftliche Ankündigung an den Mieter herauszugeben, ob sie nun gesetzlich gefordert wird oder nicht. Man denke nur an die Intimität beziehungsweise Störung des Wohnens, an die Vermeidung von Gerüchten und Treppenhausgesprächen und an den partnerschaftlichen Umgang mit dem Mieter, der eine rechtzeitige Information voraussetzt.

Das Mahnverfahren

Zur juristischen Verwaltung gehört weiterhin, daß säumige Mieter gemahnt und notfalls auf Zahlung verklagt werden. Das regelmäßige Mahnverfahren ist in der Praxis Bestandteil der Buchhaltung, auch private Vermieter sollten bis zum 15. eines Monats alle Mietezahlungen überprüfen und säumige Mieter mahnen. Die Mahnung erfolgt in der Regel schriftlich. Telefonische Mahnungen per Anruf, sofern das möglich ist, haben meist eine noch höhere Erfolgsquote. Erfolgt keine Zahlung durch den Mieter (obwohl das formal-juristisch auf eine Mahnung nicht ankommt), ist die Verwaltung verpflichtet, juristische Maßnahmen zu organisieren. Es ist Aufgabe der Verwaltung, einen Anwalt für entsprechende Maßnahmen wie Mahnbescheid oder Zahlungsklage zu beauftragen. Es ist in der Regel nicht Aufgabe der

Verwaltung, selbst einen Mahnbescheid auszustellen. Für die Verwaltung kommt es darauf an, daß Maßnahmen eingeleitet werden; diese können selbstverständlich auch außergerichtliche sein, zum Beispiel durch Ratenvereinbarungen, Übernahme der Miete durch das Sozialamt usw.

Viele weitere Maßnahmen gehören noch zur juristischen Verwaltung, die sich jedoch mit der allgemeinen Verwaltung oder der Technik überschneiden.

Die technische Verwaltung

Ein Vermieter und Verwalter muß im Grunde zugleich auch ein Techniker sein, denn er sollte auch dann, wenn er selbst kein Bauingenieur ist, folgende Maßnahmen durchführen können:

Überwachung des baulichen Zustands durch regelmäßige Begehungen

Jedes Anwesen ist dabei vom Keller bis zum Dach auf Mängel und Schäden zu inspizieren. Je nach Größe des Anwesens wird unter „regelmäßig" die mindestens einmal jährliche Inspektion verstanden.

Einholung von mehreren Kostenvoranschlägen

Stehen größere Reparaturen an, so sind im Sinne der Marktwirtschaft mehrere Angebote für eine Maßnahme einzuholen, um Preis- und Leistungsvergleiche zu ermöglichen. Die Grenzen von „größeren Instandhaltungsmaßnahmen" sind fließend und bei Wohnungsunternehmen oft ein organisatorisches Problem, zum Beispiel in der Frage: Genügen mehrere Kostenangebote und soll eine formale Ausschreibung mit Leistungsverzeichnis erfolgen? Der letztere Fall geht über den Umfang einer normalen Verwaltungstätigkeit hinaus, hier sind Architekten und Bauingenieure gesondert mit der fachlichen Durchführung zu beauftragen.

Vergabe der Aufträge und Überwachung der Reparaturarbeiten

Bei größeren Maßnahmen ist in die Entscheidung, welches Unternehmen den Auftrag erhalten soll, der Eigentümer miteinzubinden. Manche Verwaltungen lassen diese Entscheidung den Eigentümer selbst treffen. Ist der Auftrag vergeben, muß die Handwerkerleistung vor Ort organisiert und kontrolliert werden. Zu letzterem gehört auch die Rechnungskontrolle auf sachliche Richtigkeit vor Weitergabe zur Bezahlung.

Abschluß von Wartungsverträgen

Für alle technischen Einrichtungen wie Zentralheizung, Aufzug, Wasserfilter, Hebeanlagen usw. sind Wartungsverträge üblich, um die laufende Funktion zu gewährleisten. Die Überprüfung der Notwendigkeit, Abschluß der Verträge und die laufende Überwachung der Wartungsarbeiten gehören zur technischen Verwaltung.

Zur technischen Verwaltung gehören vielfach noch die Schließanlage beziehungsweise der Schlüsseldienst, die Organisation aller Planunterlagen (Sanitär- und Elektroinstallationen) für das jeweilige Anwesen und oftmals auch die Überwachung und Einteilung des Hausmeisters.

Die Kapitalverwaltung

Dieser Bereich ist eng verbunden mit der Buchhaltung beziehungsweise mit dem Finanz- und Rechnungswesen und betrifft den Umgang mit Geldern, die nicht zum „laufenden Geldstrom" gehören, zum Beispiel Anlage und Abrechnung von Mieterkautionen, zinsgünstige Anlage von kurzfristig nicht benötigtem Guthaben auf dem Verwaltungskonto (als Festgeld) usw.

3. Mietvertragsverwaltung

Während eines Mietverhältnisses sind von der Verwaltung viele Dinge zu erledigen, die als „Tätigkeiten der laufenden Verwaltung" verstanden werden und mit dem Mietvertrag zusammenhängen. Diese laufenden Tätigkeiten sollen anhand eines beispielhaften Mietvertrages erläutert werden.

Erhaltung der Mieträume und Schimmelpilz

In einem Mietvertrag findet sich zum Beispiel folgende Formulierung:

```
Der Mieter hat in den Mieträumen (ein-
schließlich Zubehörräume) für gehörige Rei-
nigung, Lüftung und Heizung zu sorgen und
die Räume samt Zubehör pfleglich zu behan-
deln. Er hat auch die in den Mieträumen
vorhandenen Wasserzu- und Abflußleitungen
im Winter vor dem Erfrieren zu schützen.
Die Mieträume sind von Ungeziefer freizu-
halten.
```

Sauberkeit ist ein relativer Begriff, somit ist auch „die Reinigung" mietrechtlich kaum zu fassen. Was für einen Mieter „sauber" ist, ist für einen anderen noch lange nicht der Fall. Dies gilt insbesonders für die Treppenhausreinigung in der Hausordnung, auf die wir noch kommen werden, aber auch für die Sauberhaltung in einer Wohnung.

Praxis-Tip:

Es empfiehlt sich, eine Wohnungsbesichtigung anzukündigen und natürlich dann auch persönlich zu erscheinen. Eine solche Wohnungsbesichtigung löst vielfach eine richtige „Putzwelle" aus.

Schwieriger ist das Problem des Schimmelpilzes: Tritt Schimmelpilz auf, so sagen viele Vermieter dem Mieter, er müsse ,,richtig heizen und lüften". Manchmal wird auch ein Formblatt ausgehändigt, wie man richtig heizt und lüftet. Dies mag fachlich richtig sein, im Umgang mit dem Mieter ist folgendes zu bedenken: Wo nicht gelüftet wird, stinkt es! Und wo es stinkt, ist es dreckig. Durch die obige Aussage ,,richtig heizen und lüften" wird also indirekt ausgedrückt, daß es beim Mieter dreckig ist und stinkt! Eine solche Beleidigung wird sich der Mieter nicht gefallen lassen und entsprechend heftig reagieren.

Das Mietrecht steht auf Seiten des Mieters, das heißt der Vermieter muß beweisen, daß das Bauwerk mängelfrei erstellt ist und keine Kältebrücken vorhanden sind.

Fachlich richtig ist, daß, vor allem durch den Einbau ,,dichter" Fenster, mehr als früher gelüftet werden muß. Dies bedeutet aber eine Verhaltensänderung beim Mieter und nichts ist schwieriger, als bei einem Menschen alte Gewohnheiten verändern zu wollen. Solche Gewohnheiten sind zum Beispiel, im Winter das Schlafzimmer nicht zu heizen. Kommt die Zeit zum Schlafengehen, wird die Tür von Wohnzimmer und Schlafzimmer geöffnet, damit sich im Schlafzimmer die Luft ,,etwas überschlägt", also nicht ganz so kalt ist. Was aber geschieht dadurch wärmephysikalisch? Die bisher im Wohnzimmer auf ca. 22 Grad erwärmte Luft ist ,,gemütlich" und hat eine normale Luftfeuchtigkeit. Über den Flur bis ins Schlafzimmer kühlt sich diese Luft auf etwa 15 Grad ab. Die jetzt abgekühlte Luft aber nimmt nur noch etwa die Hälfte der Feuchtigkeit auf als die ehemals 22 Grad warme Luft. Dies bedeutet, daß die in der warmen Luft enthaltene Feuchtigkeit ausfällt und sich im Schlafzimmer niederschlägt, am stärksten an der kältesten Wand. Dies ist der gleiche Effekt wie der Aufguß in der Sauna.

Fachlich wichtig ist, daß, wenn die Luftfeuchtigkeit in der Wohnung längere Zeit 60 % und mehr beträgt, unvermeidlich Schimmelpilz auftritt. Würde man also die Luft im Schlafzimmer nach obigem Vorgang messen, würde die Luftfeuchtigkeit im Wohnzimmer normal sein (zwischen 45 – 55 %), im Schlafzimmer aber über 60 % ansteigen.

131

Praxis-Tip:

Tritt Schimmelpilz auf, sollte dieser mit einem üblichen Mittel wie „Schimmel-Stop" oder „Schimmel-Tod" usw. entfernt und ein Luftfeuchtigkeitsmesser (auch Hygrometer genannt) aufgehängt werden. Ein solches Hygrometer kann in jedem Kaufhaus beziehungsweise im Haushaltswarengeschäft gekauft werden (Preis um ca. DM 30, –). Nun gilt es zu beobachten, daß dieses Hygrometer auf Dauer nicht über 60 % ansteigt. Sollte dies dennoch der Fall sein, wird jeder Mieter aufgrund des Unterbewußtseins automatisch, ohne daß es einer Aufforderung bedarf, heizen oder lüften. Auf Veranlassung des Hygrometers (Anzeige über 60 %) wird der Mieter auf sanfte Weise daran erinnert, erneut und öfter zu lüften. Dies gelingt natürlich nur, wenn der Mieter bereit ist, an der Lösung des Problems mitzuwirken. Tritt trotz Einhaltung von weniger als 60 % dennoch Schimmelpilz auf, dann sind die Herren Techniker aufgerufen, das Bauwerk auf Kältebrücken zu untersuchen.

Schadenvermeidung

Eine übliche Klausel im Mietvertrag lautet:

Der Mieter ist verpflichtet, Veränderungen und Schäden an und in den Mieträumen, an und im Gebäude sowie auf dem Grundstück zu beseitigen, wenn sie von ihm, den zu seinem Hausstand gehörenden Personen, Untermieter(n), Besucher(n), Lieferanten oder Handwerker(n) schuldhaft verursacht wurden.

Jeden in den Mieträumen entstandenen Schaden hat der Mieter, soweit er nicht selbst zu dessen Beseitigung verpflichtet ist, unverzüglich dem Vermieter anzuzeigen. Für einen durch nicht rechtzeitige Anzeige verursachten Schaden ist der Mieter ersatzpflichtig.

132

Der Mieter ist zur Sorgfalt und Pflege verpflichtet. Dies gilt auch für Besucher und andere Personen, die sich bei ihm aufhalten. In der Praxis ist allerdings der Beweis schwierig.

Kleinreparaturen

Der Mieter ist verpflichtet, die Kosten der Instandhaltung von Rolläden, Licht- und Klingelanlagen, Wärmemesser, Ventile, Schlösser, Siphons, Klosetts, Wasch- und Abflußbecken, Öfen, Herde, Gas- und Elektrogeräte, Badeeinrichtungen und Warmwasseraufbereitungsanlagen usw. zu tragen, soweit der Instandhaltungsaufwand für jeden sachlich abgegrenzten Schaden DM 150,- oder der Aufwandsbetrag in einem Kalenderjahr 8% der Jahresnettomiete nicht übersteigt. Der Instandhaltungsaufwendungsersatz darf jährlich DM 1000,- nicht übersteigen.

Nur für öffentlich geförderte Wohnungen: Die Kostentragungspflicht des Mieters gemäß Absatz 4 ist beschränkt auf die Kosten zur Behebung von kleineren Schäden an den Installations-Gegenständen für Elektrizität, Wasser und Gas, den Heiz- und Kocheinrichtungen, den Fenster- und Türverschlüssen, den Verschlußvorrichtungen für Fensterläden, den Rolladengurten sowie an den Fernsehanschlüssen innerhalb der Wohnung.

Der Mieter kann für sogenannte Kleinreparaturen bis zu einem bestimmten Umfang in Anspruch genommen werden. Eine pauschale Verpflichtung zur Durchführung von Kleinreparaturen ist nicht möglich, sondern sie muß auf die Höhe des Einzelfalles (am obigen Beispiel DM 150, -) und in der jährlichen Gesamthöhe (hier 8 % der Jahresnettomiete, maximal DM 1000, -) begrenzt sein. Diese Beträge sind zur Zeit übliche Beispiele.

Tritt ein solcher Fall ein, hat nach gängiger Praxis der Mieter sich selbst um die Behebung zu kümmern beziehungsweise die Kosten zu übernehmen. Übersteigen die Reparaturkosten den vereinbarten Betrag, hat der Vermieter für die gesamten Kosten aufzukommen.

Im öffentlich geförderten Wohnungsbau ist die Übernahmepflicht des Mieters eingeschränkt, da Reparaturansätze in der Mietenberechnung erfolgen.

Mietminderung und Zurückbehaltungsrecht

Ausgangspunkt für eine Mietminderung ist, daß die vermietete Wohnung einen ,,Mangel'' aufweist, der bei Abschluß des Mietvertrages nicht oder nicht in dieser Form vorhanden war. Unter ,,Mangel'' versteht das Mietrecht sowohl Störungen oder Funktionsausfall technischer Anlagen und Einrichtungen als auch Gebrauchsbeeinträchtigungen. Grundsätzlich ist der Vermieter verpflichtet, die Wohnung in einem wohngerechten Zustand zu überlassen und sie in diesem Zustand zu erhalten. Dies bedeutet für den Vermieter eine Pflicht zur Instandhaltung und Instandsetzung. Kommt der Vermieter dieser Pflicht nicht nach, kann der Mieter die Miete kürzen, also Mietminderung geltend machen.

Beispiele: Im Winter fällt die Heizung aus, die Wohnungstüre (oder ein Fenster) läßt sich nicht schließen, der Balkon wird aus technischen Gründen gesperrt (und ist deshalb nicht nutzbar), die Antenne liefert nur unscharfe Bilder beziehungsweise der Fernsehempfang fällt aus usw.

Bei allen diesen technischen Fällen muß der Mieter die Störung melden und dem Vermieter eine angemessene Zeit zur Behebung einräumen. Umgekehrt muß der Vermieter unverzüglich, das heißt ohne schuldhaftes Verzögern handeln, also noch am selben Tag einen Handwerker mit der Beseitigung der Störung beauftragen. Die Zeit für den Handwerker richtet sich nach der Dringlichkeit und den Umständen des Mieters.

Bleibt der Vermieter untätig, kann der Mieter nach entsprechender Ankündigung Mietminderung und ggf. Schadensersatz geltend machen.

Der zweite Fall der Mietminderung ist die Gebrauchsbeeinträchtigung. Eine solche liegt vor, wenn sich der Mieter subjektiv in seinem Wohnen gestört fühlt. Dies gilt selbst dann, wenn diese Umstände der Vermieter nicht zu vertreten hat.

Beispiel: Durch eine bisher ruhige Wohnstraße wird der Verkehr umgeleitet, auf dem Nachbargrundstück wird Baulärm verursacht usw.

Neu hinzu kommender Lärm ist also fast immer ein Mietminderungsgrund. Grundsätzlich gilt: Das Mietminderungsrecht ist ein ,,Grundrecht'' des Mieters (§ 537 Bürgerliches Gesetzbuch), das auch durch einen (anderslautenden) Mietvertrag nicht ausgeschlossen werden kann. Das Mietminderungsrecht besteht aus mehreren Schritten:

1. Schritt: Das Mietminderungsrecht tritt immer formal ein, falls der Mieter sich im Wohnen gestört fühlt.

2. Schritt: Der Mieter muß nunmehr sein Recht gegenüber dem Vermieter geltend machen. Dazu gehört die Meldung über die Störung und die Ankündigung einer Mietminderung.

3. Schritt: Dem Vermieter muß eine angemessene Zeit (in der Regel 8 bis 14 Tage) zur Beseitigungsmöglichkeit eingeräumt sein.

4. Schritt: Bleibt der Vermieter untätig oder kann die Störung nicht oder nicht vollständig beseitigt werden, kann der Mieter die Miete mindern. Die Frage ist: Um wieviel?

In der Höhe der Minderung verschätzen sich Mieter oft sehr, denn natürlich kann nur der anteilige Mietwert der in Mitleidenschaft gezogenen Räume zugrunde gelegt werden.

Beispiel: Berechtigter, aufgrund baulicher Umstände vorübergehend nicht zu vermeidender Schimmelpilz im Schlafzimmer. Grundlage der

Mietminderung ist also die anteilige Miete des Schlafzimmers. Beträgt die Miete der Wohnung beispielsweise DM 10, – pro m^2 und das Schlafzimmer hat eine Größe von 15 m^2, dann ist die Ausgangsmiete für die Berechnung der Mietminderung 15 m^2 x DM 10, – = 150, – DM. Von diesem Betrag ist nun die Mietminderung abzuziehen. In diesem Fall legen die Gerichte allgemein eine Minderung von 10 % zugrunde, das heißt die Gesamtmiete würde um DM 15, – /monatlich gemindert werden.

Schwierig wird die Berechnung der Minderung, wenn durch den Minderungsgrund die gesamte Wohnung beeinträchtigt wird. Hier wird dann die Wohnung und die Minderung nach Wertungskriterien und in eine Rangfolge zerlegt. (Die Einzelheiten sind Rechtsfragen und würden den Rahmen dieses Buches sprengen.)

Praxis-Tip:

Jedem Vermieter kann nur empfohlen werden, soweit es sich um kleinere technische Probleme handelt, diese sofort in Auftrag zu geben, um damit eventuelle Mietminderungsansprüche nicht erst aufkommen zu lassen. Handelt es sich um echte, aber schwierig zu lösende Probleme, ist es in der Praxis besser, sich mit dem Mieter außergerichtlich und vorübergehend auf eine bestimmte Minderung zu einigen und diese Zeit zur Lösung des Problems zu nutzen.

Kein Recht zur Mietminderung hat der Mieter, wenn er die Umstände selbst verschuldet und die Beseitigung selbst verzögert hat (indem er zum Beispiel Handwerkertermine nicht einhält), wenn er seiner Anzeigepflicht nicht nachgekommen ist und wenn er die Umstände bereits bei Vertragsabschluß gekannt hat (oder hätte erkennen müssen) oder wenn er trotz eines Mangels vorbehaltlos weiterhin die Miete bezahlt hat.

Beispiel: Die Vermietung einer Wohnung an einer verkehrsreichen Straße erfolgt an einem Abend bei wenig Verkehr. Der Mieter kann keine Mietminderung wegen Verkehrslärm geltend machen.

Allerdings: Ein Mietminderungsrecht lebt erneut auf bei einer Mieterhöhung! Schluckt also ein Mieter längere Zeit einen Umstand, der ihn zur Mietminderung berechtigt hätte, kann er im Fall einer Mieterhöhung nunmehr die Mietminderung wirksam geltend machen.

Ein anderes „Kardinalrecht" des Mieters ist das Zurückbehaltungsrecht. Der Mieter kann zum Beispiel im Zusammenhang mit einer dringenden Reparatur das Zurückbehaltungsrecht geltend machen, das heißt er kündigt an, daß er, falls die Reparatur nicht bis zum angemessenen Termin erfolgt ist, solange die Miete ganz (oder teilweise) einbehält, bis die Maßnahme zu seiner Zufriedenheit durchgeführt ist. Ist allerdings die Maßnahme erfolgt, muß der Mieter die Miete vollständig, das heißt zu 100 % nachzahlen.

Das Zurückbehaltungsrecht ist also ein Druckmittel des Mieters auf den Vermieter für schnelleres Tätigwerden. Im Gegensatz zur Mietminderung muß beim Zurückbehaltungsrecht die Miete voll nachgezahlt werden, wenn der Grund erledigt ist. Während der Zeit des Zurückbehaltungsrechts kann, wenn sich diese über Monate hinziehen sollte, keine Kündigung (wegen fehlender Miete) ausgesprochen werden.

Benützung der Mieträume und Untervermietung

In vielen Mietverträgen ist geregelt:

1. Der Mieter darf die Mieträume nur zu den vertragsgemäßen Zwecken benützen.

2. Der Mieter ist ohne ausdrückliche Erlaubnis des Vermieters weder zu einer Untervermietung der Mieträume noch zu einer sonstigen Gebrauchsüberlassung an Dritte, ausgenommen besuchsweise sich aufhaltende Personen, berechtigt. Die Erlaubnis gilt nur für den einzelnen Fall und kann bei wichtigem Grund widerrufen werden.

Zu 1.: Wohnräume werden „zum Wohnen" vermietet. Jede andere Benützung ist eine Zweckentfremdung, die der Vermieter nicht zu dulden braucht und gegebenenfalls auch nach gesetzlichen Vorschriften (Zweckentfremdungsverbot) nicht dulden darf. Benützt also zum Beispiel ein Mieter seine Wohnung als Büro, kann der Vermieter dies abmahnen und unter Umständen das Mietverhältnis kündigen (siehe drittes Kapitel „Beendigung eines Mietverhältnisses").

Keine rechtlichen Einwände können jedoch gestellt werden, wenn der Mieter ein Zimmer einer größeren Wohnung beruflich nutzt, sofern damit kein Parteiverkehr verbunden ist. Erlaubt ist zum Beispiel, daß ein Handelsvertreter einen Raum als Büro für seine schriftlichen Arbeiten verwendet. Eine solche geringfügige Nutzung muß auch der Vermieter dulden.

Zu 2.: „Untermieter" sind alle Personen, die in der Wohnung wohnen, aber nicht zum Hausstand des Mieters gehören. Wichtig ist deshalb, schon bei der Vermietung klar zu legen, wer zum Hausstand und damit zur Mietpartei gehört. Alle dort nicht aufgeführten, aber dennoch in der Wohnung wohnende Personen (mit Ausnahme leiblicher Kinder) sind Untermieter. Drei Varianten sind zu unterscheiden:

Der Besuch

Besuch darf sich in der Wohnung des Mieters bis zu einem Zeitraum von sechs Wochen aufhalten. Unterbrechungen werden zusammen gerechnet, es sei denn, daß ein Abstand von mehr als einem Jahr dazwischen liegt. Auch ein Besuch muß sich ordentlich benehmen. Ist das nicht der Fall, kann der Mieter abgemahnt werden, gegebenenfalls kann ihm auch das Mietverhältnis gekündigt werden (siehe drittes Kapitel „Beendigung eines Mietverhältnisses"). Der Vermieter kann sich nur an den Mieter wenden, zum Besuch entsteht kein Vertragsverhältnis.

Der genehmigungspflichtige Untermieter

Will ein Mieter ein Zimmer oder einen Teil der Wohnung untervermieten (zum Beispiel an Studenten, Pendler, Wochenendfahrer, Messegäste usw.), bedarf dies der Genehmigung durch den Vermieter.

Sofern damit keine Überbelegung der Wohnung eintritt, wird empfohlen, eine solche Genehmigung unter Erhebung eines ,,Untermietszuschlages'' zu genehmigen.

```
Genehmigungsschreiben

Aufgrund Ihres Antrags genehmige ich hier-
mit die Untervermietung des früheren Kin-
derzimmers an einen Studenten gegen Bezah-
lung eines Untermietszuschlages von DM
100,-/monatlich. Diese Genehmigung wird in
stets widerruflicher Weise erteilt.
```

Für die Höhe des Untermietszuschlags gibt es im freifinanzierten Wohnraum keine gesetzliche Regelung, im öffentlich geförderten Wohnungsbau sind Beträge in der II. Berechnungsverordnung festgelegt.

Der zu duldende Untermieter

Untermieter, die zwar auch formal der Genehmigung des Vermieters bedürfen, aber bei denen der Vermieter die Genehmigung nicht versagen kann, sind frühere Kinder, die wieder in die elterliche Wohnung zurückkommen, Lebensgefährten und Pflegepersonen, sofern mit diesen Personen ein ,,gemeinsamer Hausstand'' geführt wird.

Tierhaltung

Die Tierhaltung ist oft vertraglich wie folgt geregelt:

```
Tiere dürfen nur mit Erlaubnis des Vermie-
ters gehalten werden. Die Erlaubnis kann
widerrufen werden, wenn Unzuträglichkeiten
eintreten. Der Mieter haftet für alle durch
die Tierhaltung entstandenen Schäden. Das
Füttern von Tauben ist verboten.
```

Diese Formulierung dürfte mietrechtlich wohl kaum oder nur teilweise bestehen, denn der erste Satz würde bedeuten, daß eine Nichtgenehmigung den Mieter zu keinerlei Tierhaltung berechtigen würde und dies ist nicht zulässig. Kleintierhaltung von Vögeln, Fischen bedarf keiner Genehmigung, beziehungsweise diese darf der Vermieter nicht versagen. Dies gilt überwiegend auch für Katzen und kleine Hunde.

Bei Hunden ist die Größe und „artgerechte Haltung" entscheidend. Ein Schäferhund im kleinen Ein-Zimmer-Appartment ist anders zu werten als im gemieteten Reihenhaus. Privatvermieter können Hunde- und Katzenhaltung wirksam nur verbieten, wenn es noch kein solches Tier im Anwesen gibt und in jedem Mietvertrag das Verbot zu dieser Tierhaltung ausführlich erwähnt ist, am besten per handschriftlichen Eintrag in den Mietvertrag. Dem Mieter muß bei Beginn des Mietverhältnisses klar sein, daß eine Hund- und Katzenhaltung nicht erlaubt ist. Mit der ersten Erlaubnis ist das Prinzip durchbrochen und dann auch gegenüber allen anderen Mietern nicht mehr haltbar.

Für eventuelle Schäden aus der Tierhaltung haftet der Mieter nach dem Verursacherprinzip. Das Taubenfütterungsverbot ist mehr deklatorischer Art, das heißt die konkrete Ahndung muß vom Vermieter bewiesen und belegt werden.

Die Regelungen der Hausordnung

Die Hausordnung ist Bestand des Mietvertrages, aber durch die Hausordnungen werden überwiegend die Beziehungen der Mieter untereinander geregelt, zum Beispiel:

```
Im Interesse eines geordneten Zusammenlebens hat der Mieter auf die übrigen Bewohner des Hauses Rücksicht zu nehmen und deshalb insbesondere folgendes zu beachten:

1. Jede Ruhestörung ist untersagt.

Das Zuschlagen von Türen, Schreien und Lärmen in den Wohnungen, im Treppenhaus, im
```

Hof und Garten ist zu vermeiden, ebenso
nächtliche Ruhestörungen beim Duschen oder
Baden. Radio-, Fernsehen-, Tonband-,
Schallplatten- und ähnliche Geräte dürfen
nur in Zimmerlautstärke betrieben werden.

Musizieren und Singen ist höchstens vier
Stunden täglich und nicht in der Zeit von
22.00-9.00 Uhr und von 13.00-15.00 Uhr gestattet.

Maschinen dürfen nur derart betrieben werden, daß vermeidbare Störungen mit dem Betrieb nicht verbunden sind.

Ruhestörende Haus- und Gartenarbeiten wie
z.B. Ausklopfen von Teppichen, Polstermö-
beln, Decken, Betten u.ä., Hämmern, Bohren,
Sägen oder Holzhacken, Staubsaugen, Betrieb
von Wasch- und Spülmaschine, Trockenschleu-
dern u.ä. oder von Motorrasenmähern sind
nur Montag-Freitag in der Zeit von
8.00-12.00 Uhr und 15.00-19.00 Uhr und
Samstag in der Zeit von 8.00-12.00 Uhr und
14.00-16.00 Uhr erlaubt.

Die permanente Ruhestörung ist ein Kündigungsgrund (siehe drittes Kapitel), eine gelegentliche Ruhestörung ist vom Mieter zu dulden. Die gelegentliche Geburtstagsparty kann natürlich für die anderen Mieter störend sein und falls die Nachtruhe gestört wird, können andere Mieter die Polizei rufen, um für Ruhe zu sorgen. Für alle anderen Arten von Lärm ist ein umfangreiches Beweismittelverfahren notwendig, das im dritten Kapitel behandelt wird.

Zur Vorprüfung wird empfohlen, folgende Fragen an den beschwerdeführenden Mieter zu stellen:

- Wann beziehungsweise um welche Uhrzeit ist die Ruhestörung eingetreten?
- Wie lange (in Minuten) hat die Störung gedauert?
- Wer hat den Lärm sonst noch gehört?

141

Aufgrund der Antworten ist zu prüfen, ob die Angelegenheit weiter-
zuverfolgen ist.

Die Ruhestörung ist der einzige Grund aus der langen Liste einer
Hausordnung, der mietrechtlich geahndet werden kann, alle anderen
Regelungen sind sicher sinnvoll, aber mietrechtlich von nur geringer
Bedeutung, zum Beispiel:

Die Reinigungspflicht

Treppenreinigung und Schneeordnung sind vielfach wie folgt geregelt:

Soweit keine anderweitigen Vereinbarungen
getroffen wurden, gilt bezüglich der Reini-
gungspflicht des Mieters folgendes:

Die Zugänge zu den einzelnen Wohnungen sind
wie diese und die Zubehörräume in Keller
und Dach reinlich zu halten. Die Treppen
sind je nach Beschaffenheit sachgemäß zu
pflegen sowie wöchentlich einmal gründlich
einschließlich Geländer und Treppenhausfenster zu putzen. Sind mehrere Parteien in
einem Stockwerk, so haben sie mit der Treppenreinigung allwöchentlich zu wechseln.

Die allgemein zugänglichen Räume z.B. im
Keller oder Dachboden, wie Trockenräume,
Fahrradabstellraum u.ä., sind wöchentlich
einmal im Turnus mit den übrigen Parteien
im Haus zu reinigen, ebenfalls die Zugänge
zu diesen Räumlichkeiten.

Der Mieter ist verpflichtet, die öffentlichen Straßen, Gehsteigflächen und Fußwege
am und zum Haus, sowie die Zugangswege,
Durchgänge und Treppen nach den ortspolizeilichen Vorschriften im vom Vermieter
festgelegten Turnus zu reinigen.

Der Mieter ist verpflichtet, das Sand-
streuen bei Winterglätte sowie die Schnee-
und Eisbeseitigung nach den gesetzlichen
Bestimmungen und ortspolizeilichen Vorschriften auf den öffentlichen Gehsteigflächen und Fußwegen am Hause und zum Haus
sowie auf den Zugangswegen, Durchgängen und
Treppen im vom Vermieter festgelegten Turnus durchzuführen.

Der Mieter hat die ihm obliegenden Pflichten zur Durchführung der Hausreinigung und
zur Schnee- und Eisbeseitigung auch dann zu
erfüllen, wenn er vor Ablauf der Mietzeit
auszieht oder sonstwie verhindert ist. Der
Mieter hat dann dafür zu sorgen, daß die
Arbeiten für ihn erledigt werden, andernfalls ist der Vermieter nach fruchtloser
Mahnung berechtigt, jene auf Kosten des
Mieters ausführen zu lassen.

Die Kosten der Putzmittel wie auch der
Streumittel für die Schnee- und Eisbeseitigung trägt der Mieter.

Die Nichtdurchführung der Reinigungspflichten gibt vielfach Anlaß
zu Ärger in der Hausverwaltung. Sauberkeit ist relativ, deshalb läßt
sich auch über die Gründlichkeit der Reinigung bestens streiten.
Mieter, die Salz oder feinen Zucker auf die Haustreppen streuen, um
zu überprüfen, ob die andere Partei auch tatsächlich gereinigt hat,
sind keine Seltenheit. In der Praxis taucht dieses Problem in der Verwaltung auf, wenn sich ein Mieter über einen anderen wegen man-
gelnder Reinigung beschwert.

Gibt es einen Hausmeister, sollte dieser zunächst den Fall beobachten, ansonsten ist der Vermieter oder Verwalter aufgerufen, das
Treppenhaus selbst in Augenschein zu nehmen. Sind diese Reklama-
tionen berechtigt, wird man den Mieter schriftlich oder telefonisch
auffordern, seiner Pflicht nachzukommen.

Bleibt diese Abmahnung ebenfalls erfolglos, bleibt als letzte Maßnahme nur, die Reinigung durch eine externe Firma vornehmen zu
lassen und den Mieter mit diesen Kosten zu belasten. Die Nichtreini-
gung ist jedenfalls im Normalfall kein Kündigungsgrund, es sei
denn, der Mieter handelt permanent vorsätzlich. Das gilt sinngemäß
auch für die Schneeordnung.

Hausordnung in der vermieteten Eigentumswohnung

Eigentümergemeinschaften neigen dazu, Regelungen der Hausordnung öfter einmal durch Beschlüsse zu ändern. Diese Beschlüsse gelten auch für den Eigentümer, der seine Wohnung vermietet hat,
nicht aber für dessen Mieter. Aus diesem Grund empfiehlt sich folgende Regelung im Mietvertrag:

Die Parteien vereinbaren deshalb, daß die
von der Wohnungseigentümergemeinschaft gefaßten Vereinbarungen und Beschlüsse auch
für das vorliegende Mietverhältnis bindend
sind, soweit der Vermieter an diese gebun-
den ist und mietvertragliche Wirkungen
nicht entgegenstehen.

4. Effiziente Organisationsstrukturen mit Leistungskatalog

Die Tätigkeitsgebiete einer Hausverwaltung sind, wie bereits ausgeführt, in ihrer Art extrem breit und äußerst unterschiedlich gelagert. Man denke nur, daß ein Verwalter *drei verschiedene Berufe* in einer Person auszufüllen hat: Kaufmann, Techniker und Jurist. Denn er muß viel von jedem Beruf verstehen, um abwägen zu können, ob eine Sache reell ist und er sie verantworten kann.

Wird deshalb die Verwaltung von einem hauptberuflichen Verwalter beziehungsweise einem Verwaltungsunternehmen ausgeführt, kommen organisatorische Probleme hinzu. Die wichtigsten organisatorischen Problemfelder in einer Hausverwaltung sind:

- die Aktenorganisation (Wiederfinden von Unterlagen)
- das Telefon (Anrufe, Rückrufe, Umgang mit dem Mieter)
- die Zeit oder Zeiteinteilung beziehungsweise keine Zeit zu haben.

EDV-Organisation

Dieser Abschnitt soll helfen, die gröbsten Fehler in der EDV-Organisation zu vermeiden.

Lösen Sie sich von der Vorstellung, *alles,* also alle anfallenden Arbeiten per EDV ausführen zu wollen. Viele Arbeiten lohnen letztlich diesen Aufwand nicht. Es ist ein großer Fortschritt, wenn der Hauptteil der routinemäßigen Arbeiten zuverlässig und rationell per EDV abgewickelt werden kann.

EDV-Planung: Was wollen wir mit der EDV erreichen?

- Routinearbeiten sollen per EDV rationell erledigt werden.
- Durch Rationalisierung soll eine Arbeitsentlastung gewährleistet werden.

- Aktuelle, fehlerfreie Daten und Zahlen sollen zur Verfügung stehen.
- Die Kommunikation zwischen allen Daten soll unkompliziert möglich sein.
- Durch die EDV sollen letztlich finanzielle Vorteile entstehen.

Bei Umstellung auf EDV sollte aber nichts übereilt werden. Folgende Grundsätze sind zu beachten:

- Man löse sich von dem Gedanken: Morgen stellen wir auf EDV um und übermorgen läuft alles.
- Selbst bei einem ausgereiften Programm dauert die Umstellung von manuell auf EDV mindestens ein Jahr. In dieser Zeit müssen alle Arbeiten *doppelt* ausgeführt werden: einmal per EDV, einmal wie bisher manuell. Dies ist aus Sicherheitsgründen unbedingt erforderlich.
- Wenn ein Programm neu entwickelt werden soll, rechnet man, trotz aller Versprechungen der Verkäufer, mit einer Dauer von letztlich zwei bis drei Jahren bis zur „Serienreife", also bis das Programm zuverlässig arbeitet.
- In der Einführungs- und Umstellungsphase sind aus obigen Gründen alle Beteiligten doppelt belastet.

Umzustellende Tätigkeiten

EDV-technisch weitgehendst gelöst sind bereits:

- Buchführung und Rechnungswesen: Kontenplan und gesetzliche Vorschriften geben den Rahmen.
- Stammdatenverwaltung: Die Stammdatenverwaltung ist in der Regel kein Problem der EDV, sondern der Dateneingabe.
- Instandhaltungsplanung und -ausführung: Interessante Programme sind in der Entwicklung.

Vielfach ungelöst sind noch:

- Betriebskostenabrechnung, besonders für gemischt-genutzte oder gewerbliche Objekte
- Mieterhöhungen im freifinanzierten Wohnungsbau

146

EDV-Rahmenvorschlag

Es ist wichtig, daß ein EDV-Verwaltungsprogramm nach den – ähnlich den im Abschnitt „Aktenorganisation" (auf Seite 99) genannten – „unveränderbaren Faktoren" aufgebaut ist:

- Ein Objekt mit festen Daten
- Eine feste Zahl an Wohn- und/oder Gewerbeeinheiten
- Jedes Objekt hat Kosten und Einnahmen.
- Jede Immobilie hat einen oder mehrere Eigentümer (letzterer ist hier wichtig für die zu erbringende Dienstleistung).

Wenn also diese Daten im wesentlichen unveränderlich (und Ausnahmen lösbar) sind, liegt es auf der Hand, neben den Akten auch die EDV-Organisation entsprechend zu gliedern:

Objekt	Wohnung
Buchführung	Eigentümer

Diese festen Daten verbinden wir mit den grundlegenden Funktionen einer Datenverarbeitung:

anlegen	ändern	löschen
bearbeiten	planen	auswerten

Aus dieser Grundstruktur können alle notwendigen Einzelprogramme, sei es nun Mieterhöhungen, Wirtschaftsplan, Jahresabrechnung usw. angehängt werden, denn alle diese Programme haben mit Bearbeiten, Planen oder Auswerten zu tun. Das „Leitsymbol" ist stets die Objektnummer, zum Beispiel:

Objektnummer: 001/
+ Wohnungsnummer z.B.   001/
+ Folgekennziffer, z.B.   01
= in kompletter Folge: 001/001/01

Grundsatz:

- Die Objektnummer bleibt immer unverändert.
- Die Wohnungsnummer bleibt immer unverändert.
- Wenn der Mieter wechselt, ändert sich (nur) die Folgekennziffer: Mieter 01, Mieter 02 usw.

Personenbezogene Organisationsstrukturen

Eine Hausverwaltung ist und muß auch sehr personenbezogen organisiert werden. Aufgrund der zweiseitigen Bindung, einerseits der Beziehung des Mieters zum Verwalter und andererseits der Beziehung des Eigentümers zum Verwalter sowie des ,,Netzes zwischenmenschlicher Beziehungen'' wäre eine ,,konzernmäßige'' Organisation verfehlt. Mit Ausnahme der wirklich großen Wohnungsunternehmen sind die Mehrzahl der Verwalter selbständig tätig oder kleinere Verwalter, für die sich folgende Organisationsformen empfehlen:

Das kleine Hausverwaltungsunternehmen

Es wird im Hinblick auf die Organisation geprägt vom Chef, der zugleich Inhaber der Hausverwaltungsfirma ist. Der Chef/Inhaber verteilt in der Regel ,,Arbeit'' (= Aufgaben, nicht aber Kompetenz und Verantwortung) und läßt sich das Ergebnis vorlegen. Der Kunde will auch stets ihn persönlich sprechen, das heißt die Arbeitsabläufe sind sehr personenbezogen. Organisatorisch gibt es keine echten Abteilungen, sondern allenfalls sogenannte ,,Stellen''. Eine Stelle ist die kleinste Organisationseinheit, nämlich die Tätigkeit einer (einzelnen) Person, meist einer Hilfskraft für Buchführung oder Schreibarbeiten.

Um selbständiger Verwalter zu werden, ist formal nach den gesetzlichen Vorschriften lediglich eine Gewerbeanmeldung nach § 14 der Gewerbeordnung erforderlich, nicht jedoch ein Fachkundenachweis. Im Sinne der Gewerbefreiheit kann jedermann Verwalter werden. Auch die Betriebsform, ob Einzelfirma, Kommanditgesellschaft oder GmbH spielt kaum eine wichtige Rolle, sofern nicht andere Gesichtspunkte im privaten Bereich maßgeblich sind. Die gesetzliche Haftung (30 Jahre) kann der Verwalter am besten durch einen praxisnahen Verwaltervertrag regeln. Der selbständige Verwalter sollte sich im Klaren sein, daß das einleitend Gesagte, nämlich daß der Kunde völlig auf die (seine) Person fixiert ist, besonders zutreffend ist und er sich davon nicht freimachen kann.

Das Hausverwaltungsunternehmen

Im Hinblick auf die Organisation ist es geprägt von der ,,Wir-Einstellung". Es gibt in der Regel keine konkrete Aufgabenverteilung (im Sinne von Kompetenz und Verantwortung); es muß getan werden, was anfällt. Die Führung ist oftmals patriarchisch, dies bedeutet: auf die Person des Inhabers bezogen. Es gibt keine Instanzen, die Organisation ist personen- und leistungsbezogen.

Vor allem Unternehmen, die die Verwaltung von Objekten in Dienstleistung ausführen (Miet- und Wohnungseigentums-Verwaltungen), sind auf schnelles und kundenorientiertes Handeln angewiesen. Es empfiehlt sich deshalb die objektbezogene Organisationsform (vertikale Organisation).

Abteilungsgliederung nach Objekten:

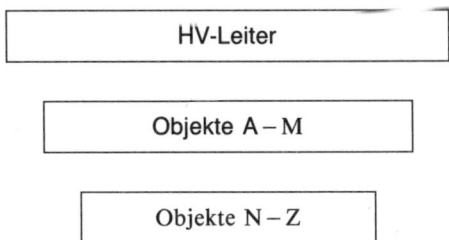

Diese Organisationsform bedeutet: Bestimmte Verwaltungsobjekte werden bestimmten Mitarbeitern *komplett* zugeordnet. Jeder Mitarbeiter bearbeitet komplett ,,seine" Objekte. Aufgabe, Kompetenz und Verantwortung sind gleichgelagert, bei Problemen wird der Leiter konsultiert.

Diese Organisationsform erfordert deshalb als Mitarbeiter einen flexiblen ,,All-round-Typ", der die ganze extreme Breite der wohnungswirtschaftlichen Tätigkeit für seine Objekte ausführen kann, zum Beispiel Buchhaltung, Mahnwesen, Vermietung, Sachbearbeitung, Instandhaltungsmaßnahmen einschließlich Handwerkskenntnisse, Rechtsmaßnahmen, Grundstücksverkehr usw.

Es ist zwar menschlich nicht möglich, Fachmann auf allen diesen Gebieten zu sein! Deshalb gibt es zum Beispiel in der Hausverwaltung den ,,perfekten" Verwalter nicht, dennoch: Es ist in dieser Größenordnung die wirtschaftlichste und (für den Mitarbeiter) interessanteste Organisationsform. Ein fachliches ,,Pflichtenheft" beziehungsweise eine Arbeitsplatzbeschreibung verbunden mit entsprechendem Controlling kann diese Schwächen ausgleichen helfen.

Andererseits kann, um diese Schwächen auszugleichen, jede Gruppe mit mehreren Spezialisten besetzt sein und als Team fungieren. Die ,,Allround-Gruppe" besteht somit intern aus Spezialisten. Die innere Organisation einer solchen Gruppe ,,Objekte A – M" könnte wie folgt strukturiert sein:

Beispiel: Gruppenorganisation

Kaufmännische Verwaltung	Technische Verwaltung
Mietenbuchhaltung	Kapitalverwaltung

Die Verwaltung als Dienstleistung bedeutet, treuhänderisch für einen Eigentümer dessen Rechte und Pflichten wahrzunehmen. Verwaltung ist deshalb Vertrauenssache.

Die Treuhandtätigkeit

Der Verwalter ist stets Sachverwalter für fremdes Vermögen. Die Verwaltung beruht auf einem gegenseitigen Vertrauensverhältnis zwischen dem Eigentümer und Verwalter. Dieses Vertrauensverhältnis setzt erfahrungsgemäß neben der persönlichen Zulässigkeit, Unparteilichkeit und geordnete Vermögensverhältnisse voraus; ebenso spezielle Kenntnisse der an den Grundsätzen ordnungsmäßiger wohnungswirtschaftlicher Verwaltung orientierten kaufmännischen und technischen Geschäftsführung, der Finanzverwaltung und der geltenden einschlägigen Rechtsvorschriften.

Die Verwaltungsgebühr ist ein Entgelt für die qualifizierte Dienstleistung. Deshalb wird ihre Höhe bestimmt durch den Umfang und Qualität der vom Verwalter und seinen Mitarbeitern zu erbringenden Leistungen. Diese zu erbringenden Leistungen sollten in einem ,,Leistungskatalog'' definiert sein, zum Beispiel:

Der Leistungskatalog

Präambel

1. Für jeden Eigentümer ist ein eigenes Treuhandkonto, lautend auf seinen Namen eingerichtet, das vom Verwalter geführt wird.

2. Der Verwalter ist verpflichtet, eine spezielle Vermögensschadenshaftpflichtversicherung im ausreichenden Umfang abzuschließen und während der Dauer der Verwaltung aufrechtzuerhalten.

3. Der Verwalter hat die Zuverlässigkeit, obwohl gesetzlich nicht vorgeschrieben, durch Einholung einer Genehmigung nach § 34c Gewerbeordnung nachzuweisen.

4. Die Fachkenntnisse sind durch Besuch von Fachseminaren auf dem Laufenden zu halten.

In diesem Leistungskatalog wird zwischen Verwalter-Grundleistungen und besonderen Verwalterleistungen unterschieden:

151

Allgemeine Betreuung

Grundleistungen:

a) Mitwirkung an der Aufstellung und Änderung von Haus- und Nutzungsordnungen für gemeinschaftliche Einrichtungen und Anlagen (zum Beispiel Waschküche, Fahrstuhl usw.)

b) Überwachung der Einhaltung der jeweiligen gültigen Haus- und Nutzungsordnungen sowie deren Durchsetzung, gegebenenfalls durch Beauftragung von Dritten (zum Beispiel Hausmeister oder Bewachungspersonal) auf Kosten der Wohnungseigentümer

c) Führung der erforderlichen Korrespondenz

Vorbereitung des Abschlusses von Verträgen und Überwachung ihrer ordnungsmäßigen Durchführung

Grundleistungen:

a) Beratung über Notwendigkeit und Zweckmäßigkeit der Abschlüsse von Verträgen

b) Einholung von Angeboten, gegebenenfalls Insertion, auf Kosten des Eigentümers

c) Stichprobenweise Überwachung der ordnungsmäßigen Durchführung der Verträge

Besondere Verwalterleistungen:

d) Beiziehung von Sonderfachleuten für die Vorbereitung und Überwachung der ordnungsmäßigen Durchführung von Verträgen, soweit hierzu Kenntnisse erforderlich sind, die über die eines erfahrenen Kaufmanns in der Grundstücks- und Wohnungswirtschaft hinausgehen.

Aufbewahrung von Verwaltungsunterlagen

Grundleistungen:

a) Geordnete Aufbewahrung sämtlicher Verwaltungsunterlagen, die zur ordnungsmäßigen Verwaltung des Gemeinschaftlichen erforderlich sind, zum Beispiel Ausfertigungen gerichtlicher Verwaltungsakten, Bestandspläne, Schließpläne, Generalschlüssel, Betriebsanleitungen usw.

b) Geordnete Aufbewahrung sonstiger Verwaltungsunterlagen wie Verträge mit Dritten, Abrechnungen, Buchhaltungsunterlagen mit Konten, Buchungsbelegen und Bankauszügen, solange sie unmittelbare Auswirkungen haben, insbesondere bis zur vollständigen Abwicklung der jeweiligen Verträge.

c) Im übrigen Aufbewahrung der Verwaltungsunterlagen in entsprechender Anwendung der steuerlichen Vorschriften. Nach Ablauf der gesetzlichen Aufbewahrungspflichten ist der Verwalter berechtigt, die diesbezüglichen Verwaltungsunterlagen zu vernichten, soweit sie der Eigentümer nicht selbst verwahren möchte.

Besondere Verwalterleistungen:

d) Erstellung oder Wiederherstellung fehlender Verwaltungsunterlagen, die zur Durchführung einer ordnungsmäßigen Verwaltung erforderlich und bei Übernahme der Verwaltung nicht vorhanden sind.

Abschluß aller zur Verwaltung erforderlichen und zweckmäßigen Verträge

Grundleistungen:

a) Entgegennahme von Kündigungen der Mieter und Abschluß neuer Mietverträge über frei werdende Wohnungen

b) Abschluß eines Anstellungsvertrags mit einem Hausmeister und sonstigem Dienstpersonal (zum Beispiel Putzfrauen) einschließlich der Erstellung objektbezogener Dienstanweisungen, gegebenenfalls Vertrag mit einem Hausmeister-Service-Unternehmen

c) Abschluß folgender Versicherungsverträge: Brandversicherung, Leitungswasser und Sturmversicherung, Haus- und Grundbesitzerhaftpflichtversicherung, Gewässerschadenhaftpflichtversicherung (bei bestehendem Öltank)

d) Abschluß von Wartungsverträgen je nach Bedarf, zum Beispiel für Heizungsanlage, Lüftungsanlage, Aufzugsanlage und Gemeinschaftsantenne

e) Abschluß von Verträgen über die Anschaffung von Gebrauchsgegenständen, die der ordnungsmäßigen Bewirtschaftung dienen, zum Beispiel Gartengeräte, Hausmeisterwerkzeug.

f) Abschluß von Energiebelieferungsverträgen, zum Beispiel über die Lieferung von Strom, Wasser, Gas, oder über den Einkauf von Heizöl

g) Abschluß von Werkverträgen zur ordnungsmäßigen Erfüllung der Verpflichtung zur Instandhaltung und Instandsetzung insbesondere mit Bauhandwerkern, Ingenieuren und Architekten

h) Abschluß von Verträgen mit Kreditinstituten über die Führung eines Bankkontos (Mietenkonto) und gegebenenfalls Anlage von Geldern

k) Abschluß von Verträgen mit einer Heizungsabrechnungsfirma über die Erstellung einer Heizkostenabrechnung

l) Abschluß sonstiger zur ordnungsmäßigen Verwaltung erforderlicher oder zweckmäßiger Verträge

m) Der Verwalter ist berechtigt, alle von ihm abgeschlossenen Verträge bei Bedarf zu kündigen.

Teilnahme am rechtsgeschäftlichen Verkehr als Vertreter des Eigentümers

Grundleistungen:

a) Abgabe von Willenserklärungen und Vornahme von Rechtshandlungen, die mit der Verwaltung zusammenhängen, insbesondere
- die Abgabe der Erklärungen, die zur Herstellung einer Fernsprechteilnehmereinrichtung, einer Rundfunkempfangsanlage oder eines Energieversorgungsanschlusses erforderlich sind,
- die Abgabe sachdienlicher Erklärungen gegenüber jeweiligen Versicherer bei Eintritt eines Versicherungsfalles.

b) Durchführung von Maßnahmen, die zur Wahrung einer Frist oder zur Abwendung eines sonstigen Rechtsnachteils erforderlich sind.

Gerichtliche Vertretung des Eigentümers

Grundleistungen:

a) Beratung des Eigentümers über Notwendigkeit oder Zweckmäßigkeit der Einleitung gerichtlicher Verfahren

b) Beauftragung eines Rechtsanwaltes mit der Vertretung des Eigentümers in Grundstücks- und Mietsachen

c) Führung des Schriftverkehrs mit dem beauftragten Rechtsanwalt, insbesondere dessen Information bei Maßnahmen auf Zahlung rückständiger Mieten und gerichtlichen Klagen

Besondere Verwalterleistungen:

d) Vertretung des Eigentümers in mündlichen, gerichtlichen Verhandlungen

155

e) Vertretung in öffentlich-rechtlichen Verfahren, zum Beispiel im Zusammenhang mit Baugenehmigungsverfahren und Grundstücksangelegenheiten

f) Information des Eigentümers über gerichtliche Verfahren

Einrichtung und Unterhaltung einer nach kaufmännischen Grundsätzen geführten Buchhaltung

Grundleistungen:

a) Datenerfassung und Datenpflege

b) Führung der erforderlichen personenbezogenen und sachbezogenen Konten zur Überwachung der Zahlungsverpflichtungen der Mieter

c) Geordnete Aufbewahrung der Belege nach gesetzlicher Vorschrift

d) Einrichtungen und Führung einer vorschriftsmäßigen Lohnbuchhaltung

e) Kaufmännische Prüfung der eingehenden Rechnungen für das verwaltete Objekt

f) Bewirken der Zahlungen, soweit möglich, durch Überweisung und unter Nutzung etwa gewährter Skonti

g) Abrechnung einer etwa vorhandenen Hausmeisterkasse, sowie über Waschmünzenverkäufe

h) Abrechnung über Benutzungsgebühren für Gemeinschaftseinrichtungen

k) Abrechnung aller sonstigen Zahlungen aus Vermietungen

l) Aufstellung eines Wirtschaftsplans für das laufende Geschäftsjahr

m) Anmahnung rückständiger Mieten

Rechnungslegung und Jahresabrechnung

a) Erstellung der Jahresabrechnung in Form einer Gesamtabrechnung und einer Aufstellung des Abrechnungsergebnisses

b) Abrechnung der umlagefähigen Betriebskosten mit dem Mieter

Kontenverwaltung

a) Eröffnung und Führung eines Mietenkontos und gegebenenfalls eines Festgeldkontos bei einem Kreditinstitut; beide Konten werden als sogenannte „offene Treuhandkonten" geführt, das heißt Inhaber des Kontos ist der Eigentümer/Auftraggeber. Beide Konten werden getrennt vom Vermögen des Verwalters und vom Vermögen Dritter geführt.

b) Überweisung einer vom Eigentümer vorgegebenen Instandhaltungsrückstellung zum Ende des Wirtschaftsjahres.

Durchführung der ordnungsmäßigen Instandhaltung und Instandsetzung sowie in sonstigen dringenden Fällen

Grundleistungen:

a) Überwachung des baulichen Zustandes des Gebäudes

b) Beratung des Eigentümers über die Notwendigkeit der Vornahme von Instandhaltungs- und Instandsetzungsarbeiten

c) Einholung von (möglichst mehreren) Kostenvoranschlägen, je nach Größe der entsprechenden Maßnahme

d) Überwachung der vergebenen Arbeiten auf ordnungsgemäße Ausführung

e) Vornahme der technischen Rechnungsprüfung

f) Abnahme der Arbeiten entsprechend der Auftragsvergabe

157

g) Rüge eventuell festgestellter Mängel

h) Durchführung baulicher Änderungen (Umbauten, Ausbauten, Modernisierung) nach Absprache mit dem Eigentümer

k) Organisation und Überwachung der Personen, die mit der Erfüllung von Verkehrssicherungspflichten beauftragt sind.

Besondere Verwalterleistungen:

l) Tätigkeiten gemäß Buchstaben c) bis h) bei Instandhaltungs- und Instandsetzungsarbeiten, deren Durchführung die Zuziehung eines Sonderfachmanns erfordert oder deren Auftragssumme einen Betrag von DM 10 000, – übersteigt.

Haftung

Der Verwalter hat seine Aufgaben mit der Sorgfalt und nach den Grundsätzen eines erfahrenen und fachkundigen Kaufmanns der Grundstücks- und Wohnungswirtschaft zu erfüllen und alle mit seiner Tätigkeit zusammenhängenden Rechtsvorschriften zu beachten.

Der Verwalter hat eine angemessene Vermögensschadenhaftpflichtversicherung abzuschließen und beizubehalten. Die Haftung für ein Verhalten des Verwalters, das weder vorsätzlich noch grob fahrlässig ist, wird der Höhe nach auf die Versicherungssumme begrenzt; diese beträgt DM . . .

III.

Beendigung
eines Mietverhältnisses

1. Grundsätzliche Kündigungsfristen

Grundsätzlich gibt es zwei Arten von Beendigung eines Mietverhältnisses: Erstens durch Vertragsablauf, das heißt ein zeitlich befristeter Mietvertrag kann zu einem bestimmten Termin enden, ohne daß es einer Kündigung bedarf, oder zweitens durch Kündigung durch eine der beiden Vertragsparteien.

In diesem Kapitel geht es überwiegend um den letzteren Fall. Für Kündigungen sieht das Bürgerliche Gesetzbuch bestimmte Kündigungsfristen vor.

§ 565 Bürgerliches Gesetzbuch (Kündigungsfristen)

(2) Bei einem Mietverhältnis über Wohnraum ist die Kündigung spätestens am dritten Werktag eines Kalendermonats für den Ablauf des übernächsten Monats zulässig. Nach fünf, acht und zehn Jahren seit der Überlassung des Wohnraums verlängert sich die Kündigungsfrist um jeweils drei Monate.

Eine Vereinbarung, nach welcher der Vermieter zur Kündigung unter Einhaltung einer kürzeren Frist berechtigt sein soll, ist nur wirksam, wenn der Wohnraum nur zum vorübergehenden Gebrauch vermietet ist. Eine Vereinbarung nach der die Kündigung nur für den Schluß bestimmter Kalendermonate zulässig sein soll, ist unwirksam.

Die Kündigungsfrist beträgt somit bei einer Mietzeit:

bis 5 Jahre	= 3 Monate
nach 5 bis 8 Jahren	= 6 Monate
nach 8 bis 10 Jahren	= 9 Monate
länger als 10 Jahren	= 12 Monate

---

§ *564 Bürgerliches Gesetzbuch (Ende des Mietverhältnisses)*

*Ein Mietverhältnis endet mit dem Ablauf der Zeit, für die es einge-
gangen ist. Ist die Mietzeit nicht bestimmt, so kann jeder Teil das
Mietverhältnis nach den Vorschriften des § 565 kündigen.*

Diese gesetzliche Regelung findet in der Praxis vielfach in den Fällen
Anwendung, in denen der Mieter kündigt.

2. Kündigung durch den Mieter

Der Mieter kann jederzeit, ohne Angabe von Gründen, das Mietverhältnis kündigen. Die Kündigungsfrist richtet sich zunächst nach seinem Mietvertrag.

In Altverträgen ist vielfach eine kürzere Kündigungszeit als das Bürgerliche Gesetzbuch es vorsieht, vorgesehen. In vielen Fällen ist zum Beispiel monatliche Kündigungsfrist vereinbart, in den Altverträgen der ehemaligen DDR gar nur eine 14tägige Frist vorgesehen. In diesem Fall gilt (für den Mieter) die − kürzere − Frist laut Mietvertrag. Der Mieter (nicht aber der Vermieter, siehe nachfolgend) kann somit, entgegen dem Bürgerlichen Gesetzbuch mit der für ihn kürzeren Frist das Mietverhältnis beenden.

Ist im Mietvertrag eine Frist laut Bürgerliches Gesetzbuch vereinbart, gilt für den Mieter diese Kündigungsfrist.

Wäre im Mietvertrag eine längere Frist als im § 565 Bürgerliches Gesetzbuch vereinbart, würde für den Mieter die Frist laut Bürgerliches Gesetzbuch gelten.

Die Kündigung ist von allen Personen, die Mieter sind, zu unterzeichnen. Haben nicht alle Vertragspartner unterschrieben, kann der Vermieter die Kündigung zurückgeben. Der Mieter kann dann das Kündigungsschreiben neu dem Vermieter zuleiten, das heißt die Kündigungsfrist verschiebt sich entsprechend.

Praxis-Tip:

Jeder Kündigung folgt eine Kündigungsbestätigung! − Wenn der Vermieter das nicht von allen Parteien (zum Beispiel Eheleuten) unterzeichnete Kündigungsschreiben annimmt, sollte die darauffolgende Kündigungsbestätigung an beide Vertragsparteien gerichtet sein. Es kann durchaus der Fall eintreten, daß die Vertragsparteien Streit haben und einer von beiden kündigt die Wohnung, ohne daß der andere davon etwas weiß. Dem kann durch eine an beide gerichtete (oder in zwei Briefen verfaßte) Kündigungsbestätigung begegnet werden.

Eine Kündigungsbestätigung könnte wie folgt lauten:

```
Herrn und Frau
Hans und Marianne Mustermann
Adresse

Betrifft: Kündigungsbestätigung

Sehr geehrte Frau Mustermann,
sehr geehrter Herr Mustermann,

hiermit bestätige ich Ihre Kündigung des
Mietverhältnisses gemäß Mietvertrag zum
31.____ 19____.

Ich weise darauf hin, daß sich die Wohnung
zum obigen Termin im vertragsgemäßen Zu-
stand gemäß Mietvertrag befinden muß.
Sollte das nicht der Fall sein, kann ich
Sie nicht aus der Haftung des Mietvertrages
entlassen.

Vereinbaren Sie deshalb bitte rechtzeitig
einen Termin für die Wohnungsbesichtigung
bzw. Wohnungsabnahme mit unserem Hausmei-
ster, Herrn Petermann.


Mit freundlichen Grüßen


- Unterschrift-
Vermieter
Durchschlag an den Hausmeister Petermann
```

Kündigt der Mieter mit einer kürzeren Frist als sie rechtmäßig ist, zum Beispiel der Mieter hätte eine sechsmonatige Frist, kündigt aber mit monatlicher Frist, so ist die Kündigungsbestätigung mit der rechtlich zutreffenden Frist zu bestätigen.

Oft kündigt ein Mieter mit kurzer Frist und präsentiert dem Vermieter einen Nachmieter, der ,,alles übernimmt''.

Ausziehender Mieter bringt einen Nachmieter

Es ist ein weitverbreiteter Irrglaube, mehr jedoch ein Wunschdenken beim ausziehenden Mieter, daß er sich durch Besorgung eines Nachmieters von vielen Pflichten befreien kann. Liegt die Kündigungsfrist bei drei Monaten, braucht ein Ersatzmieter in aller Regel überhaupt nicht akzeptiert zu werden. Darin ist sich die Mietrechtsprechung weitgehend einig. Aber auch ein langfristiges Mietverhältnis kann der ausziehende Mieter nicht einfach dadurch beenden, daß er dem Vermieter einen oder mehrere geeignete Nachfolger präsentiert, die bereit und in der Lage sind, das Mietverhältnis zu den bisherigen Bedingungen fortzusetzen. Der Vermieter ist nur dann verpflichtet, einen ,,akzeptablen'' Mietinteressenten als Nachmieter anzunehmen, wenn im Einzelfall ein Festhalten am Mietvertrag einen Verstoß gegen Treu und Glauben darstellen würde.

Praxis-Tip:

Für die laufende Vermieterpraxis kann empfohlen werden, den Schwerpunkt im Fall der Kündigung durch den Mieter nicht formal auf die Kündigungszeit zu legen, sondern auf den Zustand der Mieträume zum Zeitpunkt der Rückgabe. Siehe hierzu auch ,,Wohnungsabnahme und -übergabe'' ab Seite 186.

Außerordentliches Kündigungsrecht des Mieters

Der Mieter hat in folgenden Fällen ein gesetzliches, außerordentliches Kündigungsrecht:

- bei einer Mieterhöhung nach dem Miethöhegesetz
- bei einer Mieterhöhung bei baulichen Änderungen, Modernisierungen und Erhöhung der Kapitalkosten nach dem Miethöhegesetz
- bei Tod des Mieters durch dessen Erben
- bei Versetzung des Mieters (dies gilt jedoch nur für Militärpersonen, Beamte, Geistliche und Lehrer)

Außerordentliche fristlose Kündigung durch den Mieter

Bei folgenden Gegebenheiten kann der Mieter das Mietverhältnis *fristlos* kündigen:

- Wegen Nichtgewährung des Gebrauchs: Kann der Mieter die gemieteten Räume nicht oder nur zum Teil nutzen, kann er das Mietverhältnis fristlos kündigen.
- Fristlose Kündigung wegen Gesundheitsgefährdung: Ist die Benützung von Mieträumen mit einer erheblichen Gefährdung der Gesundheit verbunden, kann der Mieter das Mietverhältnis fristlos kündigen.

3. Kündigung durch den Vermieter

Kündigt der Vermieter, unterscheidet das Mietrecht ebenfalls zwei Kündigungsarten, nämlich

- die fristlose Kündigung und
- Kündigungen, die unter Einhaltung von bestimmten Fristen auszusprechen sind.

Grundsätzlich gilt: Kündigen kann nur der im Grundbuch eingetragene Eigentümer. Bei Kauf eines Objekts kann der neue Eigentümer erst dann kündigen, wenn er im Grundbuch als neuer Eigentümer eingetragen ist. Dies gilt auch in den neuen Bundesländern für Rückübertragungen. Übergangsweise kann bis zur Rückübertragung auch der Verfügungsberechtigte (= staatliche Verwalter) kündigen.

Die fristlose Kündigung durch den Vermieter

Neben der Kündigung mit gesetzlicher Frist sieht das Bürgerliche Gesetzbuch außerordentliche Kündigungsgründe vor, in denen der Vermieter ohne Einhaltung einer Kündigungsfrist kündigen kann. Die wichtigsten Kündigungsgründe sind:

Fristlose Kündigung bei Zahlungsverzug

Der Vermieter kann das Mietverhältnis ohne Einhaltung einer Kündigungsfrist kündigen, wenn der Mieter für zwei aufeinander folgende Mietzahlungstermine mit einem Betrag in Verzug ist, der eine Monatsmiete übersteigt oder in einem Zeitraum, der sich über mehr als zwei Termine erstreckt, mit der Entrichtung des Mietzinses in Höhe eines Betrags in Verzug gekommen ist, der den Mietzins von zwei Monaten erreicht.

Die Miete ist eine Bringschuld, das heißt sie muß ohne Rechnung und ohne Mahnung automatisch vom Mieter gebracht werden und wenn der Mieter die Miete nicht bezahlt, ist er kraft Gesetzes in Verzug.

Der Vermieter könnte nun (kostenpflichtig) mahnen oder die Mahnung einem, für den Mieter kostenpflichtigen Anwalt übertragen.

Er ist jedoch zu keiner dieser Maßnahmen verpflichtet, er kann den oben genannten Fall auch ,,stillschweigend'' abwarten und, bei Eintritt der Voraussetzung, fristlos kündigen.

In der Praxis stehen dem Vermieter bei Mietrückstand generell neben der Kündigung folgende Möglichkeiten offen:

– die außergerichtliche Mahnung durch einen Anwalt
– der gerichtliche Mahnbescheid
– die Zahlungsklage

Die fristlose Kündigung wird schriftlich per Brief ausgesprochen.

Sehr geehrter Mieter,

aufgrund des Mietrückstandes kündige ich hiermit das Mietverhältnis

fristlos

und fordere Sie auf, innerhalb von 8 Tagen auszuziehen und die Wohnung in den vertragsmäßigen Zustand zu versetzen. Sofern Sie dieser Aufforderung nicht nachkommen, werde ich Räumungsklage bei Gericht einreichen.

Hochachtungsvoll

Der Vermieter

Die Kündigung ist nachweislich zuzustellen. Nach Fristablauf kann der Vermieter untätig bleiben, zum Beispiel bei Ratenzahlung oder Wiederaufnahme von Zahlungen durch den Mieter, oder, wie angekündigt, einen Anwalt mit der Durchführung rechtlicher Maßnahmen beauftragen.

Die fristlose Kündigung bei vertragswidrigem Gebrauch

Der Vermieter kann fristlos kündigen, wenn der Mieter ungeachtet einer schriftlichen Abmahnung

– einen vertragswidrigen Gebrauch der Mieträume fortsetzt, der die Rechte des Vermieters in erheblichem Maße verletzt,
– insbesondere einem Dritten dem ihn unbefugt überlassenen Gebrauch beläßt oder
– die Sache durch Vernachlässigung der dem Mieter obliegenden Sorgfalt erheblich gefährdet.

Praxis-Tip:

Es bedarf in jedem Falle zunächst *einer schriftlichen Abmahnung.* Zwischenzeitlich verlangt die Rechtsprechung nicht nur eine, sondern *zwei Abmahnungen:* Den ersten Brief als Hinweis auf die Rechtswidrigkeit und Aufforderung zur Unterlassung, den zweiten Brief mit Androhung der Kündigung.

Vertragswidriger Gebrauch bedeutet: Der Mieter verwendet die Räume anders, als sie ihm vermietet sind.

Beispiel: Eine Wohnung ist „zum Wohnen" vermietet und nicht als Büro. Ist ein Laden zum Verkauf von Damenoberbekleidung vermietet, ist eine Einrichtung als Sexshop vertragswidrig.

Unbedenklich ist, wenn innerhalb einer Wohnung mit mehreren Zimmern ein Zimmer anderweitig verwendet wird, zum Beispiel in einer Drei-Zimmer-Wohnung wird ein Zimmer als Büro (ohne Parteiverkehr) oder als Arbeitsplatz für Heimarbeit verwendet.

Die „unbefugte Gebrauchsüberlassung an Dritte" bedeutet: Die Überlassung der Mieträume an Personen, die „nicht Mieter sind". Im Abschnitt „Vermietung" (auf Seite 79) legten wir deshalb größten Wert darauf, deutlich festzulegen, wer tatsächlich Mieter ist, denn sonst ist die unbefugte Gebrauchsüberlassung nur schwer feststellbar.

Der klassische Fall der „unbefugten Gebrauchsüberlassung" ist: Der Mieter hat eine große Wohnung und vermietet (ohne Genehmigung des Vermieters) einzelne Zimmer an Studenten/Messegäste/Touristen usw. Durch die „Untermieter" nimmt er selbst ein Vielfaches seiner eigenen Miete ein (wobei es rechtlich darauf nicht ankommt).

Der Kündigung vorausgehen muß also die genannte Abmahnung. Ein solcher (erster) Brief könnte wie folgt aussehen:

Sehr geehrter Mieter,

wie uns bekannt wurde, verwenden Sie Ihre Wohnung derzeit als Büro. Wir haben Ihnen Ihre Räume als Wohnung vermietet, die Benützung als Büro ist vertragswidrig. Die Zweckentfremdung von Wohnraum ist außerdem gesetzlich untersagt.

Wir fordern Sie deshalb auf, die Zweckentfremdung bis zum ＿＿＿＿＿＿ (angemessene Frist) einzustellen. Ihre Wohnräume dürfen nur zum Zweck des Wohnens verwendet werden.

Hochachtungsvoll

Der Vermieter

Beachtet der Mieter diese gesetzte Frist nicht, ist eine zweite Abmahnung mit Fristsetzung vorzunehmen. Beachtet der Mieter auch diese Abmahnung nicht, erfolgt die fristlose Kündigung:

Sehr geehrter Mieter,

unsere Abmahnungen vom ———— und ———— haben Sie nicht beachtet und nutzen weiterhin die gemietete Wohnung vertragswidrig als Büro. Wir kündigen deshalb das Mietverhältnis fristlos und fordern Sie auf, binnen 8 Tagen die Mieträume zu räumen und sie in den vertragsgemäßen Zustand zu versetzen. Sollten Sie dieser Aufforderung nicht nachkommen, werden wir Räumungsklage bei Gericht einreichen.

Hochachtungsvoll

Der Vermieter

Zieht der Mieter nicht aus, wird durch einen Anwalt Räumungsklage bei Gericht eingereicht.

Schwieriger ist der Fall: Vernachlässigung der Sorgfaltspflicht, zum Beispiel Unsauberkeit, die zu Ungeziefer führt. In der Praxis steht dieser Punkt vielfach mit dem nächsten Fall in enger Verbindung:

Fristlose Kündigung bei schuldhafter Pflichtverletzung

§ 554a Bürgerliches Gesetzbuch (Grobe Vertragsverletzung)

Ein Mietverhältnis über Räume kann ohne Einhaltung einer Kündigungsfrist gekündigt werden, wenn ein Vertragsteil schuldhaft in solchem Maße seine Verpflichtungen verletzt, insbesondere den Hausfrieden so nachhaltig stört, daß dem anderen Teil die Fortsetzung des Mietverhältnisses nicht zugemutet werden kann. . .

171

Es muß sich also um eine schuldhafte, *nachhaltige* Störung des Hausfriedens handeln, die so stark ist, daß eine Fortsetzung des Mietverhältnisses nicht mehr zumutbar ist.

Die ,,Störung des Hausfriedens" ergibt sich vielfach aus der Hausordnung. Überhaupt handelt es sich hier vielfach um Mieter, die sich ,,um überhaupt nichts kümmern". Diesem Problem-Mieter haben wir einen eigenen Abschnitt gewidmet (siehe Seite 178 ff.).

Die Kündigung des Vermieters unter Einhaltung von Kündigungsfristen

Ein wichtiger Grundsatz nach dem Bürgerlichen Gesetzbuch ist:

§ 564b Bürgerliches Gesetzbuch (Wohnraumkündigungsschutz)

(1) Ein Mietverhältnis über Wohnraum kann der Vermieter vorbehaltlich der Regelung in Absatz 4 nur kündigen, wenn er ein berechtigtes Interesse an der Beendigung des Mietverhältnisses hat.

Grundlos kann also nur der Mieter – unter Einhaltung der Kündigungsfrist – kündigen, nicht aber der Vermieter. Er muß grundsätzlich ein berechtigtes Interesse im Sinne des Mietrechts nachweisen. Einzige Ausnahme ist der Fall der Einliegerwohnung beziehungsweise bis zu zwei vermieteten Wohnungen in einem Haus, in dem der Vermieter auch selbst eine Wohnung bewohnt. Hier kann der Vermieter dem Mieter kündigen, ohne daß es einer Begründung bedarf. – Was aber ist mietrechtlich ein ,,berechtigtes Interesse"?

Kündigung wegen unpünktlicher Mietzahlung

Als ein berechtigtes Interesse des Vermieters an der Beendigung des Mietverhältnisses ist insbesondere anzusehen, wenn der Mieter seine vertraglichen Verpflichtungen schuldhaft nicht unerheblich verletzt hat. Dazu zählen zum Beispiel wiederholt unpünktliche Mietzahlungen und Mietrückstände.

Beispiel: Der Mieter zahlt laufend später als am dritten Werktag. Ist der Vermieter damit nicht einverstanden, muß er den Mieter laufend (mehrmals) auf diesen Umstand hinweisen. Zahlt der Mieter dennoch nicht pünktlich, kann der Vermieter das Mietverhältnis kündigen. Ein Rechtsstreit auf Räumung hätte jedoch nur dann Erfolg, wenn nicht die Sozialklausel (siehe auf Seite 176) Anwendung findet.

Die weiteren Gründe wie schuldhafte Pflichtverletzung sind reine Rechtsfragen. Dabei kommt es, wie immer im Mietrecht, sehr stark auf die Umstände des Einzelfalles an.

Kündigung wegen Eigenbedarf

Als ein berechtigtes Interesse des Vermieters an der Beendigung des Mietverhältnisses ist insbesondere anzusehen, wenn der Vermieter die Räume als Wohnung für sich, die zu seinem Hausstand gehörenden Personen oder seine Familienangehörigen benötigt (§ 564b Abs. 2 Bürgerliches Gesetzbuch).

Die Kündigung wegen Eigenbedarf ist somit auf die Person des Vermieters und auf seine Familie abgestellt. Zur ,,Familie'' gehören: die Mutter, Sohn oder Tochter, der Bruder, das Stiefkind, ferner Hausangestellte und solche Personen, die der Vermieter schon bisher dauernd in seinem Haushalt aufgenommen hatte. Zur Familie kann also auch eine Pflegeperson gehören.

Klassische Fälle des Eigenbedarfs sind:

- schlechte/schlechtere eigene Wohnverhältnisse
- persönliche Veränderungen wie Heirat, Arbeitsplatzänderung, Ruhestand, Getrenntleben usw.
- Sohn/Tochter wollen eine ,,eigene'' Wohnung beziehen.
- Vater/Mutter ist pflegebedürftig und soll in der Nähe der Tochter/des Sohnes wohnen.
- Sohn/Tochter möchte pflegebedürftige Eltern in seiner/ihrer Nähe haben.

Im Streitfalle werden durch das Gericht, ähnlich einer Waage, die berechtigten Interessen des Vermieters den berechtigten Interessen des Mieters auf Verbleib in der Wohnung gegenübergestellt. Die obigen Punkte sind dabei die eine Seite der Waage. Die andere Seite bilden die Interessen des Mieters. Siehe hierzu unter ,,Sozialklausel'' (auf Seite 176).

Grundsätzlich müssen die Eigenbedarfsgründe nach Mietvertragsabschluß entstanden sein und dürfen nach Ablauf der Kündigungszeit (gegebenenfalls einschließlich Gerichtszeit) nicht weggefallen sein.

Da die Kündigungsgründe in der Person liegen müssen, können Gesellschaften (als Vermieter) in der Regel keinen Eigenbedarf wirksam geltend machen. Einzige Ausnahme: Ein Mietverhältnis über eine Wohnung (die bisher keine Betriebswohnung war) kann gekündigt werden, um dort einen Hausmeister unterzubringen, sofern die Einstellung eines Hausmeisters objektiv erforderlich und die Wohnung hierfür geeignet ist.

Die Kündigungsfrist beträgt entsprechend der Mietvertragsdauer drei, sechs, neun oder zwölf Monate.

Kündigung wegen wirtschaftlicher Verwertung

Ein berechtigtes Interesse des Vermieters an der Beendigung des Mietverhältnisses ist weiterhin gegeben, wenn der Vermieter durch die Fortsetzung des Mietverhältnisses an einer angemessenen wirtschaftlichen Verwertung des Grundstücks gehindert und dadurch erhebliche Nachteile erleiden würde.

Typische Fälle sind, wenn Geldmittel benötigt werden für

– Unterhalt und Altersversorgung
– Herstellung neuen Wohnraums
– Investitionen
– Beseitigung abbruchreifer Gebäude und Neubebauung
– grundsätzliche Sanierungen

Ferner wurde ein berechtigtes Interesse anerkannt, wenn eine Alt-
bauwohnung mit Bad und WC ausgestattet werden soll und dadurch
die betreffende Wohnung wegfällt oder der Erlös zum Kauf einer anderen Eigentumswohnung für Familienangehörige verwendet werden soll (nicht aber allein die Erwartung eines höheren Erlöses beim
Weiterverkauf einer leeren Wohnung).

Die Kündigung zum Zweck des Verkaufs im ,,entmieteten'' Zustand
steht in den Gerichtsfällen im Vordergrund. Die Grenze, bis zu der
der Eigentümer wirtschaftliche Nachteile zu tragen hat, hat das Bun-
desverfassungsgericht nicht gezogen, sondern der fachgerichtlichen
Klärung überlassen. Dies bedeutet, daß in die gerichtliche Klärung
die gesamten Vermögensbelange des Vermieters einzubeziehen sind,
es braucht jedoch nicht die wirtschaftliche Existenz des Vermieters
in Frage gestellt zu werden. In der neueren Rechtsprechung ist ein
erheblicher Nachteil, der einen Verkauf erforderlich macht, dann
bejaht worden, wenn die Mieteinnahmen keine Rendite mehr erbringen, mithin die monatlichen Aufwendungen über den Mieteinnahmen liegen.

Nicht unter ,,wirtschaftlicher Verwertung'' fallen folgende Fälle:

- Wirtschaftlichkeit im Zusammenhang mit der Umwandlung in
  Eigentumswohnungen: Hier kann sich der Vermieter nicht darauf
  berufen, daß er die Mieträume im Zusammenhang mit einer be-
  absichtigten oder nach Überlassung an den Mieter erfolgten Begründung von Wohnungseigentum veräußern will.
- Höhere Miete durch neuen Mieter: Durch einen für den Vermieter ungünstigen Mietvertrag (zum Beispiel ein Zehn-Jahres-
  Vertrag ohne Mieterhöhungsklausel) bleibt die Einzelmiete unter
  Umständen beträchtlich hinter der allgemeinen Mietentwicklung
  zurück. Der Vermieter hat keine Möglichkeit, das Mietverhältnis
  zu kündigen mit der Begründung, daß er durch dieses Mietverhältnis einen wirtschaftlichen Nachteil über Jahre hinweg, solange das Mietverhältnis noch besteht, erleiden muß.

In den Fällen „Eigenbedarf" und „wirtschaftliche Verwertung" werden vor Gericht selbst in den Fällen, in denen die Kündigung berechtigt ist, dem Mieter oftmals lange Räumungsfristen gewährt.

Als berechtigte Interessen des Vermieters werden nur die Gründe berücksichtigt, die in dem Kündigungsschreiben angegeben sind, soweit sie nicht nachträglich entstanden sind. Für die Praxis bedeutet eine solche Kündigung eine Abwägung aller Umstände und eine gründliche Vorbereitung.

Hinweis für die neuen Bundesländer:

Auf Eigenbedarf kann der Vermieter sich grundsätzlich erst *nach dem 31. Dezember 1995* berufen, es sei denn, der Ausschluß des Kündigungsrechts würde für den Vermieter angesichts seines Wohnbedarfs und seiner sonstigen berechtigten Interessen eine Härte bedeuten, die auch unter Würdigung der Interessen des Mieters nicht zu rechtfertigen ist.

Das Widerspruchsrecht des Mieters gegen die Kündigung (Sozialklausel)

Der Mieter kann der Kündigung eines Mietverhältnisses über Wohnraum widersprechen und vom Vermieter die Fortsetzung des Mietverhältnisses verlangen, wenn die vertragsgemäße Beendigung des Mietverhältnisses für den Mieter oder seine Familie eine Härte bedeuten würde, die auch unter Würdigung der berechtigten Interessen des Vermieters nicht zu rechtfertigen ist.

Nach der bisherigen Rechtsprechung wurden folgende Gründe für den Widerspruch anerkannt: hohes Alter, Invalidität, Gebrechlichkeit, fortgeschrittene Schwangerschaft, schwere Erkrankung usw. Entscheidend sind die besonderen Umstände des jeweiligen Mieters.

Soziale Gründe des Vermieters	Soziale Gründe des Mieters
Schlechtere Wohnbedingungen Berufliche Veränderungen Pflege der Eltern/Kinder Wohnverhältnisse der erwachsenen Kinder	Hohes Alter Invalidität, Gebrechlichkeit Schwere Erkrankung fortgeschrittene Schwangerschaft

Eine Härte liegt auch vor, wenn angemessener Ersatzwohnraum zu zumutbaren Bedingungen nicht beschafft werden kann.

Ist ein Härtefall gegeben, kann der Mieter verlangen, daß das Mietverhältnis so lange fortgesetzt wird, wie dies unter Berücksichtigung aller Umstände angemessen ist. Ist dem Vermieter nicht zuzumuten, das Mietverhältnis nach den bisher geltenden Vertragsbedingungen fortzusetzen, so kann der Mieter nur verlangen, daß es unter einer angemessenen Änderung der Bedingungen fortgesetzt wird.

Kommt eine Einigung zustande, so wird über eine Fortsetzung des Mietverhältnisses und über deren Dauer sowie über die Bedingungen, nach denen es fortgesetzt wird, per Urteil durch das Gericht entschieden. Ist ungewiß, wann voraussichtlich die Umstände wegfallen, auf Grund deren die Beendigung des Mietverhältnisses für den Mieter oder seine Familie eine Härte bedeutet, so kann bestimmt werden, daß das Mietverhältnis auf unbestimmte Zeit fortgesetzt wird. So bestimmt es das Gesetz als zwingendes Recht.

Ausnahme: Der Mieter kann eine Fortsetzung des Mietverhältnisses nicht verlangen,

- wenn er das Mietverhältnis gekündigt hat und
- wenn ein Grund vorliegt, aus dem der Vermieter zur Kündigung ohne Einhaltung einer Kündigungsfrist berechtigt ist, zum Beispiel aufgrund Mietrückstandes.

4. Der „Problem-Mieter"

Schwierig wird der Umgang mit dem Mieter, wenn dieser ein sogenanntes „schuldhaftes Verhalten" an den Tag legt. Zu jedem Mietvertragsformular ist eine ausführliche Hausordnung Bestandteil, die das Zusammenleben regelt, zum Beispiel:

- Die Zugänge zu den einzelnen Wohnungen sind sauber zu halten. Die Treppen einschließlich Geländer und Treppenhausfenster sind sachgemäß zu pflegen und wöchentlich einmal gründlich zu putzen. Sind mehrere Parteien in einem Stockwerk, so haben sie sich mit der Treppenreinigung allwöchentlich abzuwechseln.
- Das Zuschlagen von Türen, Schreien und Lärmen in der Wohnung, im Treppenhaus, im Hof und im Garten ist zu vermeiden; ebenso nächtliche Ruhestörung durch Musikgeräte, Duschen oder Baden.
- Das Waschen und/oder Trocknen von Wäsche in der Wohnung ist nicht gestattet.
- Auf Balkonen dürfen Wäschestücke nur unterhalb der Geländerhöhe zum Trocknen oder Lüften aufgehängt werden.
- Der Balkon darf nur in üblicher Weise benutzt werden; die Lagerung von Unrat, Gerümpel und ähnliches ist unzulässig.
- Teppiche, Betten, Decken, Polstermöbel und andere Gegenstände dürfen weder im Treppenhaus noch zum Fenster herab oder auf dem Balkon gereinigt werden.
- Kehricht und Abfälle dürfen nur in, nicht aber neben die Mülltonnen geleert werden.
- Die Installation von Antennen jeglicher Art ist nur mit Erlaubnis des Vermieters zulässig.
- Das Abstellen von Fahrrädern, Kinderwagen, Bierkästen und anderen Gegenständen im Hausflur, in den Treppenabsätzen oder auf den Vorplätzen vor der Wohnung ist nicht gestattet, da diese Räume beziehungsweise Plätze nicht zur alleinigen Nutzung vermietet sind usw.

Aus langen Aufzählungen einer Hausordnung ist mietrechtlich nur ein einziger Punkt in der letzten Konsequenz (Räumung) durchsetzbar, und das ist ,,Lärm". Verursacht ein Mieter trotz Abmahnungen ruhestörenden Lärm, kann letztlich der Vermieter kündigen und mit guter Aussicht auf Erfolg auf Räumung der Wohnung klagen. Voraussetzungen sind:

- Beweise und zwar in rechtlicher Form und das sind: Tag, Uhrzeit, Dauer, Zeugen
- schriftliche Abmahnung zur Unterlassung
- zweite schriftliche Abmahnung mit Androhung der Kündigung

Alle anderen Regelungen der Hausordnung sind sicher sinnvoll und es ist auch wichtig, sie im Interesse des Hausfriedens einzuhalten, aber bei Nichteinhaltung ist dies in der Regel kein Grund zur Kündigung. Diese Fälle sind nur über das Thema ,,Umgang mit dem Mieter" zu behandeln und sehr schwierig zu bearbeiten.

Grundsätzlich wichtig ist: Die Hausordnung regelt das Verhältnis Mieter zu Mieter, nämlich das Zusammenleben der Mieter untereinander. Selbstverständlich ist der Vermieter nicht das ,,Kindermädchen" für den Mieter, das heißt: Haben zwei Parteien Streit miteinander, weil sie sich nicht vertragen, sollte der Vermieter beide auf den zivilen Klageweg verweisen. Bei Verursachung von Lärm jedoch kann der Mieter gegenüber dem Vermieter mietrechtlich massiver auftreten und gegebenenfalls Mietminderung geltend machen.

Der Vermieter ist verpflichtet, dann einzuschreiten, wenn durch Mieterverhalten für andere Mieter das Wohnen beeinträchtigt wird (und nicht, wenn sich der Mieter ,,nur" über etwas ärgert!).

Um in der Praxis mietrechtlich wirkungsvoll einzuschreiten, ist vom Vermieter folgender, aufwendiger Verfahrensweg einzuhalten:

```
                    Checkliste
   Beweisführung  als  Grundlage  für  eine
        außerordentliche Kündigung
```

1. Meldung/Beschwerde eines Mieters oder eigener Verdacht

2. Beobachten der Angelegenheit

3. Den Mieter persönlich ansprechen zum Beispiel auch durch den Hausmeister usw. und ihm sagen: „Sie sollen ... getan haben."

Es handelt sich somit noch um keine Behauptung, sondern um einen Vorwurf mit der Möglichkeit einer Stellungnahme.

Reaktion des Mieters. Er sagt:

Nein	**Ja, richtig,**
Beweise sammeln:	aber es kommt
Tag, Uhrzeit, Zeugen	nicht wieder vor
↓	- Fall erledigt -
1. Abmahnung	

Möglichkeiten:
1. Mieter stellt ein   - Fall erledigt -
2. Mieter widerspricht   - Bearbeitung -
3. Mieter unterläßt nicht
             ↓
Weitere Beweise sammeln:
Tag, Uhrzeit, Zeugen

2. Abmahnung
Möglichkeiten
1. Mieter stellt ein   - Fall erledigt -
2. Mieter widerspricht   - Bearbeitung -
3. Mieter unterläßt nicht
       ↓

```
Weitere Beweise sammeln:
Tag, Uhrzeit, Zeugen
          ↓
```

Fristlose Kündigung
```
Zwei Möglichkeiten:
Mieter zieht nicht aus.    Mieter zieht aus.
Räumungsklage              Wohnungsabnahme
```

In diesen Fällen des Vorwurfs an einen Mieter bedarf es mehrerer Beweise. ,,Alle wissen es'' ist noch kein Beweis. Beweise in gerichtlicher Form sind: Tag, Uhrzeit, Zeugen. Letztere müssen dann auch zur Aussage stehen und dies ist meist der menschliche Schwachpunkt.

Selbstverständlich kann es psychologisch wirkungsvoll sein, mit einer Kündigung zu drohen. Das hängt von den jeweiligen Umständen ab.

```
Androhung einer Kündigung

Sehr geehrter Mieter x,
sehr geehrter Mieter y,

seit einiger Zeit beschuldigen Sie sich ge-
genseitig verschiedener Unzulänglichkeiten,
die, jede für sich betrachtet, zwar gering
sind, zusammengenommen aber das Zusammenle-
ben in der Hausgemeinschaft unerträglich
machen können. Wir meinen z.B. das Herab-
werfen von Marmelade, Ketchup, Staub usw.
sowie das Füllen der Briefkästen mit Bon-
bonpapier, Kaugummi usw.

Wir fordern Sie hiermit auf, ein solches
Verhalten ab sofort zu unterlassen und sich
so zu verhalten, wie es die Hausordnung als
Bestandteil des Mietvertrages vorsieht.
```

Bitte sorgen Sie dafür, daß sich auch Ihre
Kinder an diese Bestimmungen halten.

In Zukunft bin ich jedenfalls nicht mehr
gewillt, ein solches Verhalten entgegen der
Hausordnung hinzunehmen und werde – notfalls beide – Mietverhältnisse kündigen,
wenn sich solche Vorkommnisse wiederholen
sollten.

Hochachtungsvoll

Der Vermieter

Um diese Kündigung tatsächlich gerichtlich als Räumung der Wohnung durchzusetzen, wäre wiederum der obige Verfahrensweg zu be-
schreiten, andernfalls besteht die Gefahr, daß das Gericht keine ausreichenden Gründe für eine Kündigung und Räumung sieht.

Nun könnten Sie als Vermieter sagen, was kümmert mich das Verhalten der Mieter? Mich geht das nichts an.

Die Rechtslage besagt, wie schon erläutert, daß, wenn sich der Mieter subjektiv in seinem Wohnen gestört fühlt, er sein Mietminde-
rungs- und Zurückbehaltungsrecht wahrnehmen kann. In diesem
Fall fehlt dem Vermieter das Geld auf dem Konto und im Fall einer
Klage würde der Mieter seine Gründe darlegen. Somit ist er dann
doch in dieser Sache drin, und zwar mit schlechten Karten. Der Vermieter kann diesbezügliche Beschwerden der Mieter also nicht einfach abschütteln, sondern es gilt, sie zu selektieren in ,,momentane
Verärgerung'' und ,,andauernde Störungen''.

Bei ,,momentaner Verärgerung'' hilft, wie sonst auch im Leben, im
Prinzip nur eines: ausschimpfen lassen.

Treten jedoch ,,andauernde Störungen'' auf, ist der Vermieter aufgerufen, tätig zu werden, zum Beispiel durch eine schriftliche (erste)
Abmahnung wie folgt:

Betr.: Störung der Nachtruhe, unberechtigte Aufnahme fremder Personen und vernachlässigte Wohnung

Sehr geehrter Mieter x,

obwohl Sie erst seit 1.8.19—— Mieter der Wohnung sind, gab es in dieser kurzen Zeit schon mehrfach mit Ihnen Schwierigkeiten. Am 15. September verursachten Sie gegen 23.15 Uhr durch Läuten, Klopfen und Schreien eine erhebliche Ruhestörung, daß sich andere Hausbewohner genötigt sahen, die Polizei zu rufen. In der Folgezeit beklagten sich laufend Mieter über lautes Türzuschlagen und insbesondere darüber, daß Sie immer wieder von männlichen Jugendlichen, die angeblich Ihre „Brüder" sind, aufgesucht wurden und diese bei Ihnen nächtigten. Am 18. September ließen Sie zum Beispiel, eine fremde, nicht näher bekannte blonde Dame in Ihrer Wohnung übernachten.

Außerdem befindet sich Ihre Wohnung bereits jetzt in einem vernachlässigten Zustand: Der Herd, insbesondere die Backröhre ist stark verschmutzt und bedarf einer gründlichen Reinigung, im WC-Sitzkörper setzt sich bereits Urinstein ab, überhaupt bedarf die ganze Wohnung einer gründlichen Reinigung.

So kann es nicht weitergehen! Wir haben Ihnen eine Wohnung vermietet, in der nur Sie und Ihr Kleinkind wohnberechtigt sind. Wohl dürfen Sie von Verwandten gelegentlich besucht werden, es darf aber nicht dazu führen, daß Sie eine Art „Hotelbetrieb" einrichten.

Wir fordern Sie deshalb auf, die besagten
Ruhestörungen ab sofort einzustellen und
Ihre Wohnung bis zum _____ gründlich zu
reinigen. Wir werden am gleichen Tag gegen
16.00 Uhr eine Wohnungsbesichtigung vornehmen und bitten Sie hierzu anwesend zu sein.

Hochachtungsvoll

Der Vermieter

**Ändert der Mieter sein Verhalten nicht und treten weiterhin Be-
schwerden anderer Mieter auf, ist eine zweite Abmahnung mit Androhung der Kündigung erforderlich:**

Sehr geehrter Mieter x,

die mit unserem Schreiben vom 13.3.19 _____
vorgenommene Abmahnung haben Sie nicht beachtet, sondern weiterhin laufend Ruhestörungen in gleicher Weise verursacht. Im
Mai dieses Jahres ist Ihre Ehefrau mit den
Kindern verreist und bis heute nicht
zurückgekehrt. Seit dieser Zeit gehen laufend namentlich nicht bekannte Männer und
Frauen ein und aus, feiern mit Ihnen zusammen und nächtigen in der Wohnung. Ihre Besucher haben teilweise sogar Hausschlüssel,
so daß sie auch während Ihrer Abwesenheit
in die Wohnung gelangen können. Am 26. Juni
dieses Jahres sind Sie gegen 1.15 Uhr
nachts mit einer jungen Frau nach Hause gekommen, haben lautstark im Treppenhaus „ge-
sungen" und anschließend bis 5 Uhr morgens
eine ebenso laute Auseinandersetzung mit
einem jungen Mann geführt, so daß die übrigen Hausbewohner wieder einmal keinen
Schlaf finden konnten und damit erheblich
in der Nachtruhe gestört wurden.

Seit Ihrem Einzug in die Wohnung haben Sie nicht einmal den Versuch unternommen, den mietvertraglichen Bestimmungen sowie der Hausordnung nachzukommen und ein ordentliches Mietverhältnis zu führen. Durch die laufenden Ruhestörungen und Vertragswidrigkeiten sind Sie für die Hausgemeinschaft nicht länger tragbar.

Wir ermahnen Sie hiermit zum letzten Mal. Sollten Sie den genannten Zustand nicht ab sofort einstellen und wieder Anlaß zu Beschwerden geben, werden wir das Mietverhältnis fristlos kündigen und bei Gericht Räumungsklage einreichen.

Hochachtungsvoll

Der Vermieter

Sollte der Mieter dieser zweiten Abmahnung nicht Folge leisten und sein Verhalten nicht ändern, würde eine fristlose Kündigung wie folgt ausgesprochen werden:

Sehr geehrter Mieter x,

trotz unserer zweiten Abmahnung haben Sie weiterhin die Ruhe der Hausgemeinschaft gestört.
Wir kündigen deshalb hiermit das Mietverhältnis fristlos und fordern Sie auf, die Wohnung bis zum_____(acht Tage) zu räumen und den vertragsgemäßen Zustand gemäß Mietvertrag herzustellen. Sollten Sie bis zu diesem Termin nicht ausgezogen sein, werden wir ohne weitere Ankündigung einen Rechtsanwalt beauftragen, Räumungsklage bei Gericht gegen Sie einzureichen.
Hochachtungsvoll

Der Vermieter

Nach Fristablauf würde ein Anwalt zur Durchführung gerichtlicher Maßnahmen (Klage) beauftragt werden.

185

5. Die Wohnungsabnahme und -übergabe

Bei Beendigung des Mietverhältnisses ist die wichtigste Frage, in welchem Zustand der Mieter die Mieträume zurückzugeben hat. Dabei treten bereits im Vorfeld mehrere Problemkreise auf. Diese sollen deshalb zuerst behandelt werden (die Reihenfolge bedeutet keine Gewichtung).

Instandhaltung, Kleinreparaturen, Einrichtungen und Einbauten

In der Regel hat der Vermieter die Verpflichtung zur Durchführung von Kleinreparaturen per Mietvertrag dem Mieter auferlegt. Läßt nun aber der Mieter diese Arbeiten nicht ausführen, tritt dieses Problem spätestens bei Mieterauszug auf, denn nun zeigen sich Schäden, von denen der Mieter behauptet, sie seien schon bei Einzug vorhanden gewesen.

Tatsächlich handelt es sich vielfach um unterlassene Instandhaltungsmaßnahmen. Ebenso hat der Mieter spätestens bei Auszug für diejenigen Schäden aufzukommen, die er (oder seine Familie oder Besuch) verursacht haben.

Der Mieter ist weiterhin verpflichtet, Gebrauchsspuren, die über die vertragliche Abnützung hinausgehen, zu tilgen und nach Beseitigung von Anlagen oder Installationen den früheren Zustand wieder herzustellen. Dies gilt vor allem für die Beseitigung von Schäden an Tapeten und Anstrichen. Außerdem muß der Mieter beim Auszug auch Haken und Schrauben entfernen sowie Dübellöcher verschließen. Da der Mieter einen eingebrachten – auch verklebten – Teppichboden beseitigen muß, ist er auch für Beschädigungen infolge des Entfernens – wie Schäden am Unterbelag, Zurückbleiben von Kleberesten usw. – verantwortlich.

Der Mieter ist im Normalfall grundsätzlich verpflichtet, die von ihm vorgenommenen Maßnahmen zu beseitigen und den ursprünglichen Zustand wieder herzustellen.

Das Mietrecht unterscheidet hier zwischen den Begriffen ,,Einbauten'' und ,,Einrichtungen''.

Bei Einrichtungen handelt es sich um im weitesten Sinne mobile Einrichtungen wie sämtliche Möbel, Holzverkleidungen, Fußbodenbeläge usw. Diese sind vom ausziehenden Mieter stets zu entfernen.

Einbauten sind bauliche Installationen, die fest mit dem Gebäude verbunden sind, zum Beispiel Fliesen, Rohrleitungen usw. Diese Maßnahmen sind schwieriger zu beurteilen. In folgenden Fällen braucht der Mieter Baulichkeiten und Einrichtungen nicht zu entfernen:

- Maßnahmen, die dazu dienten, Mängel zu beseitigen.
- Ebensowenig besteht eine Entfernungspflicht für Maßnahmen, die der Mieter im Einverständnis mit dem Vermieter vorgenommen hat, um das Mietobjekt zum vereinbarten Nutzungs- oder Gebrauchszweck erst herzurichten. Er braucht dann weder die Einrichtung selbst noch die hierdurch hervorgerufenen Einwirkungen auf das Mietobjekt zu beseitigen.
- Andere Maßnahmen, die der Mieter mit Erlaubnis des Vermieters durchgeführt hat und die allein seinem Zweck dienten (zum Beispiel Einbau von Raumteilern, Einbauschränken oder eines Duschbades, Durchbrechen einer Tür oder eines Fensters) müssen nicht beseitigt werden, wenn der Vermieter auf die Entfernung ausdrücklich oder schlüssig verzichtet hat.
- Schließlich kann der Vermieter die Beseitigung beziehungsweise Entfernung dann nicht verlangen, wenn dies rechtsmißbräuchlich ist. Ein Rechtsmißbrauch kann zum Beispiel dann vorliegen, wenn der Nachmieter bereit ist, die Maßnahme oder deren Ergebnis als eigene zu übernehmen und sich zur Entfernung nach Ablauf seiner Mietzeit verpflichtet.

Ausführung von Schönheitsreparaturen

Nicht gesetzlich geregelt, aber mietvertraglich eingebürgert hat sich die Verpflichtung des Mieters, die notwendig werdenden Schönheitsreparaturen während der Mietzeit ordnungsgemäß auszuführen. *Ausnahme*: Im öffentlich geförderten Wohnungsbau kann sich der Vermieter entscheiden, ob der Mieter oder der Vermieter (bei entsprechendem Mietzuschlag) diese Arbeiten durchführt.

Unter Schönheitsreparaturen versteht man die „malermäßige Instandhaltung" der Wohnung, somit das Tünchen oder Tapezieren. Übliche (gesetzlich nicht geregelte) Fristen sind:

- Küchen/Bäder jeweils in drei Jahren
- Wohn- und Schlafräume in vier bis fünf Jahren
- Fenster/Türen/Heizkörper in sechs Jahren
- Nebenräume in sieben Jahren

Diese Arbeiten sind vom Mieter, wie erwähnt, während der Mietzeit vorzunehmen. In der Praxis werden bei vielen Vermietern diese Fristen während des Mietverhältnisses nicht kontrolliert und auch nur als grobe Anhaltspunkte gewertet, da die Durchführung beim Normalmieter ohnehin funktioniert. Jede Mietpartei möchte im Normalfall „schön" wohnen und deshalb sorgt bei Familien vielfach die Frau dafür, daß die einzelnen Räume nach einer gewissen Zeit renoviert werden. Auch sonst ist bei Mietern das „immer wieder neu tapezieren" seiner Räume eine Selbstverständlichkeit, die der Vermieter nicht zu überwachen braucht.

Schönheitsreparaturen werden erst bei Auszug ein Problem und die Entwicklung hierzu beginnt bereits viel früher, denn schon derjenige Mieter, der vor hat, sich räumlich zu verändern, wird anstehende Renovierungen nicht mehr durchführen, sondern auf den ins Auge gefaßten Auszugstermin verlegen. Und damit wird dieses Thema in der Regel erst bei Mieterwechsel akut. Hinzukommt, daß der ausziehende Mieter möglichst kostengünstig aus dieser Verpflichtung herauskommen möchte. Sein Interesse gilt bereits seiner neuen Wohnung. Nachdem ein Umzug meist mit hohen Kosten und unerwarteten Ausgaben verbunden ist, ist die finanzielle Situation angespannt. Als Vermieter muß man deshalb darauf vorbereitet sein, daß der ausziehende Mieter versucht, aus seiner bisherigen Wohnung ein „Geschäft" zu machen, zum Beispiel durch Verkauf seiner alten Möbel und durch Zusagen des neuen Mieters, die vorhandenen Tapeten zu übernehmen. Dies sind die „harmlosesten" Geschäfte. Je nach Wohnungssituation sind fünfstellige Abstandszahlungen des Nachmieters nicht ungewöhnlich. Seit 1. 9. 1993 sind Abstandszahlungen in unangemessener Höhe verboten (nichtig); zur Wehr setzen müßte sich der neu einziehende Mieter allerdings gegenüber dem, an den er gezahlt hat, also dem ausziehenden Mieter.

Interesse des Vermieters ist nicht so sehr der Umstand, ob der neue Mieter Gegenstände des Vormieters übernimmt oder nicht, sondern dafür zu sorgen, daß alles mit rechten Dingen zugeht und klare Vereinbarungen getroffen werden, so daß vor allem der neu einziehende Mieter bei eventuell späterem eigenen Auszug wiederum klare Bedingungen vorfindet.

Für die Beendigung eines Mietverhältnisses gilt als Grundprinzip, eine Lösung zu finden, die allen drei Beteiligten (Vermieter – Mieter – neuer Mieter) gerecht wird.

Dem Vermieter sollte es darum gehen, nicht auf die „Erfüllung der Buchstaben des Mietvertrages" zu bestehen, sondern sein Interesse sollte (nur) sein, daß letztlich nicht Kosten und/oder Nachteile an ihm hängen bleiben, die eigentlich der Mieter zu vertreten hat.

Die mietrechtliche Ausgangssituation ergibt sich aus dem Mietvertrag, in dem üblicherweise in den Allgemeinen Vertragsbedingungen Regelungen über die Rückgabe der Mieträume zu finden sind. In der Rechtsprechung werden zu diesen Allgemeinen Geschäftsbedingungen folgende Meinungen vertreten:

– Zulässig ist grundsätzlich eine Vereinbarung, daß der Mieter die laufenden und die am Ende der Mietzeit anfallenden Schönheitsreparaturen auf seine Kosten vorzunehmen hat.

- Zulässig ist eine Kostenbeteiligung des ausziehenden Mieters an späteren Schönheitsreparaturen.
- Bei Vermietung einer nicht renovierten Wohnung ist die Abwälzung der laufenden Schönheitsreparaturen auf den Mieter nach Maßgabe eines Fristenplanes jedenfalls dann wirksam, wenn die Renovierungsverpflichtung des Mieters ausschließlich an den Ablauf der üblichen Renovierungsfristen während der Mietzeit anknüpft.
- Unwirksam wäre dagegen eine Vereinbarung, durch die der Mieter verpflichtet würde, einen vor seiner Mietzeit liegenden Abnutzungszeitraum durch – deshalb früher fällig werdende – Renovierungsleistungen abzudecken.
- Unwirksam ist eine Vereinbarung, daß der Mieter beim Auszug ohne jede Rücksicht auf frühere Schönheitsreparaturen auf seine Kosten renovieren muß.
- Hat sich der Mieter zur Renovierung für den Fall des Auszugs wirksam verpflichtet, so muß er renovieren, wenn sich die Wohnung nicht mehr im vertragsgemäßen Zustand befindet oder die Schönheitsreparaturen nach dem vereinbarten Fristenplan ohnehin fällig wären.
- Wenn die Schönheitsreparaturen durch einen Umbau des Vermieters zerstört würden, hat ein zur Endrenovierung verpflichteter Mieter anstelle der Renovierung einen Ausgleich in Geld zu leisten.
- Hält sich der Mieter nicht an seine Renovierungsverpflichtungen, kann der Vermieter möglicherweise Schadensersatz beanspruchen.

Grundsätzlich muß also der Mieter die Mieträume nicht in einem besseren Zustand zurückgeben, als er sie selbst übernommen hat.

Ausnahme: Der Mieter hat bei unrenoviert übernommener Wohnung zu Beginn des Mietverhältnisses einen entsprechenden Ausgleich erhalten (zum Beispiel mietfreie Zeit, Zuschuß zur Renovierung usw.).

Aus der Praxis ergeben sich mehrere Varianten, wobei drei beispielhaft dargestellt werden sollen.

Variante 1

Vermieter übergibt im renovierten Zustand; Mieter renoviert laut Fristenplan.

In diesem Fall erhält der Mieter bei Vermietung und Einzug eine komplett renovierte Wohnung, das heißt Wände, Decken, Türen, Fenster, Heizkörper usw. sind frisch und fachgerecht gestrichen.

Der Mieter wird gemäß Mietvertrag verpflichtet, während der Mietzeit die Schönheitsreparaturen auszuführen, was er auch tut. *Folge:* Bei Beendigung des Mietverhältnisses sind die Fristenplandifferenzen abzurechnen.

Beispiel: Die Küche zu renovieren kostet laut Kostenangebot DM 1200, –, der Mieter hat vor einem Jahr renoviert (Fristenplan, siehe oben: drei Jahre), er braucht somit die Küche nicht zu renovieren, sondern trägt einen Kostenanteil von einem Drittel (1200, – : 3 Jahre x 1 Jahr) = DM 400, –.

In diesem Fall der Variante 1 wären somit bei Beendigung eines Mietverhältnisses aufgrund eines Kostenangebots die anteiligen Renovierungskosten zu errechnen; der Mieter braucht nicht zu renovieren, sondern trägt die anteiligen Renovierungskosten.

Nach Auszug des Mieters hat der Vermieter die Wahl:

- Entweder er renoviert selbst neu und verwendet die Anteile des Mieters oder
- er übergibt die Vormieteranteile an den Nachmieter und dieser tritt in den laufenden Fristenplan ein.

Variante 2

Ausziehender Mieter übergibt im unrenovierten Zustand; neuer Mieter renoviert selbst.

Hat der ausziehende Mieter die Wohnung „besenrein" zu übergeben, braucht er die Mieträume nicht zu renovieren, das heißt er übergibt im unrenovierten (nur sauber gemachten) Zustand.

Der Vermieter übergibt an den Nachmieter im gleichen Zustand, das bedeutet, auch dieser braucht bei seinem späteren Auszug ebenfalls nicht zu renovieren.

Mit der Zeit hängen somit mehrere Schichten Tapeten an den Wänden, die dann nur noch zentimeterweise abzumachen gehen. Meist löst sich dabei auch der Putz. Diese Kosten hat der Vermieter zu tragen (er hat versäumt, beim erstmaligen Wechsel von ,,getüncht'' auf ,,tapeziert'' das Entfernen der Tapeten zu verlangen). Verputzkosten, die beim Abmachen der Tapeten anfallen und über das malermäßige ,,Verspachteln'' hinausgehen, hat der Vermieter zu tragen.

Nachteil dieser Variante ist, daß vor allem die Fenster nicht regelmäßig gestrichen werden und auch der Gesamtzustand der Wohnung darunter leiden kann.

Variante 3
Renovierung ohne Wände, das heißt Tapeten sind entfernt, Decken, Fenster (innen), eventuell Türen und Heizkörper sind gestrichen; Nachmieter erhält und übergibt in gleicher Weise.

Ausgangsbasis dieser Variante ist eine Vereinbarung im Mietvertrag wie folgt:

```
Bei Beendigung des Mietverhältnisses sind
Tapeten zu entfernen und die Decken, Fen-
ster (innen), Türen (soweit nicht Natur-
holz) und Heizkörper frisch fachgerecht
weiß zu streichen.
```

Ein Fristenplan wird nicht vereinbart. Während des Mietverhältnisses obliegt somit dem Mieter der Zeitraum der Wohnungsrenovierung, was im Normalfall in der Praxis keine Schwierigkeiten bedeutet.

Wird das Mietverhältnis gekündigt, weiß der Mieter, was zu tun ist und kann sich entsprechend darauf einstellen.

Der Rückgabeanspruch des Vermieters

Endet ein Mietverhältnis, so hat der Vermieter an den Mieter einen Rückgabeanspruch. Dieser Grundsatz gilt für alle Arten von Mietverhältnissen.

Verläßt der Mieter die Mieträume und läßt dort die Schlüssel zurück, ohne sie an den Vermieter oder dessen Beauftragten zurückzugeben, oder wirft er die Schlüssel lediglich in den Briefkasten des Vermieters, so liegt bloße Besitzaufgabe, jedoch noch keine Rückgabe vor.

Nimmt der Vermieter diese Schlüssel an, was zu empfehlen ist, verliert er dadurch keine Ansprüche – im Gegenteil: Durch schnelles Handeln gewinnt er nur Vorteile.

Der Vermieter sollte also in diesem Fall, daß er den Schlüssel des ausziehenden Mieters zum Beispiel im Briefkasten vorfindet oder per Post zugesandt erhält, sofort handeln, das heißt die Wohnung zusammen mit einem ,,unbeteiligten Dritten" besichtigen (hierzu empfiehlt es sich, gleich einen Malermeister hinzuzuziehen) und das nachfolgende Protokoll (ab Seite 195) über den Zustand der Räume anzufertigen.

Der Rückgabeanspruch des Vermieters bedeutet im Normalfall, daß sich die Räume zum Zeitpunkt der Vertragsbeendigung im ,,vertragsgemäßen Zustand" befinden müssen. Ist dies nicht der Fall, kann der Vermieter die Übernahme ablehnen mit dem Hinweis, daß die Räume erst noch in diesen vertragsgemäßen Zustand versetzt werden müssen.

In diesem Fall empfiehlt es sich, die (nachfolgend beschriebene) Wohnungsabnahme abzubrechen und an den Mieter folgenden Brief zu schreiben:

Sehr geehrter Mieter,

anläßlich der Wohnungsbesichtigung am ———
mußten wir feststellen, daß sich Ihre Wohnung (noch) nicht im vertragsgemäßen Zustand befindet. Aus diesem Grund können wir
Sie zum (vorgesehenen Termin) leider nicht
aus der Haftung des Mietvertrages entlassen
und fordern Sie auf, unverzüglich folgende
Maßnahmen durchzuführen: ...

Selbstverständlich läuft auch die Mietezahlung (jetzt als Nutzungsentschädigung) solange weiter, bis Sie die Wohnung in den
vertragsgemäßen Zustand versetzt haben. So-
bald dies der Fall ist, bitten wir Sie, mit
uns einen neuen Termin zur Wohnungsabnahme
zu vereinbaren.

Mit freundlichen Grüßen

Der Vermieter

Innerhalb der offiziellen Kündigungsfrist läuft die Mietezahlungs-
frist des Mieters weiter. Ist die Kündigungsfrist zwischenzeitlich ab-
gelaufen, wandelt sich die Miete in den Begriff ,,Nutzungsentschädi-
gung". Sie kann solange verlangt werden, bis der vertragsgemäße
Zustand erreicht ist, allerdings muß der Vermieter zur Schadensbe-
grenzung mitwirken. Ist zum Beispiel die Wohnung zwischenzeitlich
vermietet, wartet ja der neue Mieter auf den Einzug. Entstehen dem
neuen Mieter zusätzliche Kosten (zum Beispiel Hotelkosten), hat
diese der Vermieter zu tragen, aber er kann diese Kosten wiederum
als Schadensersatz an den Altmieter weitergeben. Angesichts an-
wachsender Kosten hat der Vermieter die Pflicht, schadensmindernd
einzugreifen. Als Nutzungsentschädigung kann der Vermieter im
Fall von Sozialwohnungen die Kostenmiete, im Fall des freifinanzierten Wohnungsbaus die (neue) ortsübliche Miete verlangen.

Das Protokoll

Aus den vorangegangenen Ausführungen ergibt sich für die Praxis folgender Grundsatz:

**Kein Wohnungswechsel ohne Wohnungsabnahme-
und -übergabeprotokoll!**

Wird ein Mietverhältnis gekündigt, ist stets eine Wohnungsabnahme und eine -übergabe an den Nachmieter vorzunehmen und der Zustand der Mieträume protokollmäßig zu erfassen.

Das Protokoll ist wörtlich zu nehmen, das heißt es ist derjenige Zustand der Wohnung zu protokollieren, wie er sich exakt darstellt. Das Wohnungsabnahme- und -übergabeprotokoll hat eine dreifache Beweiskraft:

- Beweiskraft über den Zustand der Wohnung bei eventuell späteren Schadensersatzforderungen
- Beweiskraft für Vereinbarungen zwischen Vor- und Nachmieter über Renovierung, Möbel usw.
- Beweiskraft über den Vermietungszustand, wenn der jetzt neue Mieter einmal auszieht.

Praxis-Tip:

Für ein solches Protokoll gibt es im Handel viele Formulare. Wichtig ist nicht die Schönheit des Formulars, sondern, daß das Protokoll entsprechend den nachfolgenden Inhalten erstellt wird. Abgelehnt werden vielfach von den Gerichten reine ,,Ankreuzformulare", da dort die mietrechtliche Individualität des Einzelfalles nicht ersichtlich ist.

Ein Wohnungsabnahme- und -übergabeprotokoll besteht gedanklich aus drei Schritten:

Erster Schritt: Die objektive Zustandsbeschreibung der Wohnung

Zweiter Schritt: Die Folgerung aus dem Zustand

195

Dritter Schritt: Vereinbarungen der Beteiligten

Der meiste Fehler besteht darin, daß der zweite Schritt vor dem ersten getan wird, zum Beispiel es wird vermerkt: ,,Die Tapeten müssen entfernt werden." Richtig ist: ,,Ältere Mustertapete im Wohnzimmer." Was nun mit dieser Tapete passieren soll, ist der zweite, gegebenenfalls dritte Schritt, zum Beispiel ,,Die Tapeten im Wohnzimmer übernimmt der Nachmieter auf privater Basis."

```
                     Muster:
           Wohnungsabnahme- und
     -übergabeprotokoll (verkürzte Form)
```

```
der Wohnung: Musterstraße 1 in Musterstadt

Ausziehender Mieter: Hans und Marianne
                     Schulze
Einziehender Mieter: Peter und Paul
                     Hintermeyer
Verwalter:           Susanne Petermann


1. Schritt:
- Objektive Zustandsbeschreibung -


Vermieter und Mieter haben die Wohnung
heute gemeinsam besichtigt und erklären,
daß sich die Mieträume in folgendem Zustand
befinden:
```

Raum:	Ausstattung:	Feststellungen:
Wohnzimmer	Fußboden: Wände: Decke: Fenster: Innentüren: Heizkörper: Heizgeräte: Elektroinstallation:	
Schlafzimmer	Fußboden: Wände: Decke: Fenster: Innentüren: Heizkörper: Heizgeräte: Elektroinstallation:	
Kinder- zimmer	Fußboden: Wände: Decke: Fenster: Innentüren: Heizkörper: Heizgeräte: Elektroinstallation:	
Küche	Fußboden: Wände: Decke: Fenster: Innentüren: Heizkörper: Heizgeräte: Herd: Elektroinstallation: Sanitärinstallation:	

197

III. Beendigung eines Mietverhältnisses

Raum:	Ausstattung:	Feststellungen:
Bad	Fußboden: Wände: Decke: Fenster: Innentüren: Heizkörper: Heizgeräte: Warmwassergerät: Elektroinstallation: Sanitärinstallation:	
Flur/Diele	Fußboden: Wände: Decke: Fenster: Innentüren: Heizkörper: Heizgeräte: Warmwassergerät: Elektroinstallation: Sanitärinstallation:	
Nebenraum/ -räume	Fußboden: Wände: Decke: Fenster: Innentüren: Heizkörper: Heizgeräte: Warmwassergerät: Elektroinstallation: Sanitärinstallation:	
Balkon		
Kellerabteil		
Bodenabteil		
Mitvermie- tete Räume/ Anlagen etc.		

198

2. Schritt:
- Vereinbarungen -

● Der Mieter verpflichtet sich, folgende Mängel auf seine Kosten bis zum _____ beheben zu lassen:

_____

_____

● Zwischen dem ausziehenden und dem einziehenden Mieter werden folgende Vereinbarungen auf privater Basis getroffen:

_____

_____

● Der Vermieter wird folgende Mängel baldmöglichst beheben lassen:

_____

_____

Verwaltungshinweise:

● Der Mieter wurde auf das Ab-, An- und Ummelden von Strom, Telefon usw. aufmerksam gemacht.

● Der einziehende Mieter versichert, daß er sich beim Einwohnermeldeamt angemeldet hat.

● Für den einziehenden Mieter werden die Tür-, Klingel- und Briefkastenschilder mit der Bezeichnung: _____ auf seine Kosten bestellt und durch den Hausmeister angebracht.

Anschrift des ausziehenden Mieters:

Bankverbindung des ausziehenden Mieters wegen Kautions- und Betriebskostenabrechnung:

—————— , den

Unterschriften

Vormieter   Nachmieter   Verwalter

Bedingungen für die Wohnungsabnahme

Zum Termin der Wohnungsabnahme sollten folgende „äußere Bedingungen" gegeben sein:

– Die Wohnung muß völlig geräumt sein.
– Es müssen gute Lichtverhältnisse herrschen (besonders im Winter zu beachten).
– Vormieter, Nachmieter und Verwaltung müssen anwesend sein (sofern ein Nachmieter bereits feststeht).
– Mit einer Zeitdauer von 1 Stunde bis 1 1/2 Stunden für das Protokoll muß gerechnet werden.

6. Ansprüche und Kautionsabrechnung

Nach Auszug des Mieters sind für den Vermieter drei Dinge zu erledigen:

- Erfassen und Geltendmachung von eventuellen Forderungen
- Abrechnung der Kaution
- Abrechnung der Betriebskosten

Für diese Maßnahmen gelten jeweils Besonderheiten, die wir hiermit herausstellen wollen.

Erfassen und Geltendmachung von eventuellen Forderungen

Es ist nicht immer der Fall, aber auch durchaus normal und gehört zum Alltag einer Hausverwaltung, daß der ausziehende Mieter die Wohnung in einem ,,nicht ordnungsgemäßen Zustand'' und Schäden hinterläßt. Dies ist zum Beispiel der Fall, wenn der Mieter die malermäßigen Renovierungsarbeiten (Streichen der Wände, Decken, Türen, Fenster usw. je nach Gegebenheiten) nicht oder nicht fachgerecht ausführt. Schäden können eine zersprungene Glasscheibe, ein Waschbecken mit Rissen, ein abgeschlagenes Spülbecken oder ein beschädigter Teppichboden sein.

Wichtig ist, daß für solche (Schadensersatz-)Forderungen die gesetzliche Verjährung (nur sechs Monate), und zwar ab Auszug des Mieters gilt.

Beispiel: Der Mieter kündigt das Mietverhältnis zum 30. 6. (oder der Vermieter bestätigt es zu diesem Termin), der Mieter zieht aber schon zum 30. 4. aus. Die Verjährung tritt am 1. 11. ein.

Um die Verjährung zu vermeiden, muß

- der Schaden erfaßt und der Mieter unter Fristsetzung zur Beseitigung aufgefordert werden. Dies gilt (nur) dann nicht, wenn der

Mieter schon klar zu erkennen gibt, daß er nicht gewillt ist, in seiner bisherigen Wohnung noch irgendetwas zu tun,
- die Durchführung durch einen Handwerker erfolgt und rechnungsmäßig abgewickelt sein,
- der ehemalige Mieter diese Rechnung mit einer Zahlungsaufforderung erhalten,
- bei Nichtzahlung noch eine Mahnung vorzunehmen sein,
- ein Mahnbescheid oder eine Zahlungsklage erstellt und noch vor Fristablauf beim zuständigen Amtsgericht eingereicht sein.

Diese Maßnahmen sind genau in dieser Reihenfolge vorzunehmen. Hierzu ist die zur Verfügung stehende Zeit von sechs Monaten sehr knapp bemessen und deshalb zügiges Handeln erforderlich.

Abrechnung der Kaution

Hat der Mieter eine Kaution gestellt, so ist der Vermieter verpflichtet, bei Vertragsende diese entweder einschließlich Zinsen auszuzahlen oder, sofern er Ansprüche anmeldet, hierüber abzurechnen. Hat der Mieter das Mietverhältnis ordentlich beendet, kann im Fall der Anlage auf ein Sparbuch (mit Verpfändung) dieses einfach ausgehändigt und Verpfändung aufgehoben (oder vernichtet) werden.

Der Vermieter hatte die Kaution bereits bei Mietbeginn verzinslich anzulegen und zwar zu der für Spareinlagen mit gesetzlicher Kündigungsfrist; die Zinsen stehen dem Mieter zu. Die Verzinsungspflicht besteht bei Mietverhältnissen ab 1. 1. 1983 in den Altbundesländern, früher zinslos vereinbarte Kautionen verbleiben weiterhin zinslos, ist bei Altverträgen bezüglich der Verzinsung nichts vereinbart, sind ab 1. 1. 1983 die gleichen Zinsen gutzuschreiben.

Nach Ablauf des Mietverhältnisses kann der Vermieter prüfen, ob er gegenüber dem ausgezogenen Mieter noch Forderungen geltend machen muß. Forderungen können rückständige Mieten, Betriebskostennachzahlungen und Schadensersatzansprüche sein. Diese Abrechnung ist nach Ablauf einer angemessenen Frist vorzunehmen.

Diese Frist richtet sich nach den Umständen und kann, in schwierigen Fällen, bis zu sechs Monate betragen. Dies gilt nicht in Fällen, in denen der Mieter die Wohnung ordentlich verläßt. Ist noch eine Nachzahlung aus der Betriebs- und/oder Heizkostenabrechnung zu erwarten, kann hierfür ein angemessener Teil der Kaution einbehalten, der Rest der Kaution jedoch muß unverzüglich ausgezahlt werden.

Stellt jedoch der Vermieter Forderungen fest, ist eine Abrechnung nach etwa folgendem Beispiel vorzunehmen:

```
Kautionsabrechnung

Sehr geehrter Mieter,

bezüglich Ihrer früheren Wohnung Muster-
straße 1 in Musterstadt geben wir bezüglich
der von Ihnen gestellten Kaution folgende

                    Abrechnung:
Kautionsbetrag                      DM 1000,--

+ Zinsen in gesetz-
licher Höhe für die
Zeit vom ——— bis ———                DM   33,80

./. Austausch des ge-
sprungenen Waschbeckens
gemäß beigefügter
Rechnung                            DM  550,50

./. Einbehalt wegen zu
erwartender Nachzahlung
aus der nächsten Betriebs-
kostenabrechnung                    DM  100,--

Summe                               DM  383,30
```

Diesen Betrag haben wir zur Zahlung angewiesen auf Ihr Konto Nr.＿＿＿＿＿bei der x-
Bank.

Wir bedanken uns dafür, daß Sie bei uns
Mieter waren und verbleiben

mit freundlichen Grüßen

Der Vermieter

Die Betriebskostenabrechnung

Der Zeitraum für die Betriebskostenabrechnung beträgt grundsätzlich zwölf Monate. Zieht ein Mieter aus, so werden die Kostenanteile
dieser Wohnung auf die Zeitanteile von Vor- und Nachmieter aufgeteilt.

Beispiel: Abrechnungszeitraum vom 1. 1. – 31. 12.
Ein Mieter zieht zum 31. 7. aus, ein anderer zieht zum 1. 9. ein. Es
ergeben sich somit folgende Zeitanteile:
Ausgezogener Mieter 7 Monate/Vermieter 1 Monat (Leerstand)/
Nachmieter 4 Monate

Der ausgezogene Mieter erhält die Betriebskostenabrechnung allerdings erst im darauffolgenden Jahr, so daß 7 + x Monate an Zeit
vergangen sind. Der Vermieter ist berechtigt, wie schon erwähnt, bei
zu erwartender Nachzahlung einen angemessenen Betrag für die Zeit
bis zur Abrechnung von der Kaution einzubehalten.

Die Betriebskostenabrechnung ist im Normalfall der zeitlich letzte
Anspruch gegenüber dem ausgezogenen Mieter.

Zwischenzeitlich besteht für diese Wohnung sicherlich ein neues
Mietverhältnis und bereits mit der Vermietung hat für Sie als Vermieter alles von vorne neu begonnen. Neu deshalb, weil es immer
wieder neue Varianten in Mietverhältnissen geben wird.

Stichwortverzeichnis

Die Zahlen verweisen jeweils auf die Seitenzahl.

Seminar-Hinweis:
Wenn Sie sich noch intensiver mit dem Thema ,,Wohnungs- und
Hausverwaltung'' befassen und gerne am Seminar ,,Praxis der
Wohnungs- und Hausverwaltung'' teilnehmen möchten, dann
schreiben Sie bitte an den Verlag:

Walhalla Fachverlag
Seminar-Service
Postfach 10 10 53
93010 Regensburg